Mes crumbles

salés et sucrés

Pierrick Verny est un photographe du studio Nomades Production
www.nomades-photo.com

Connectez-vous sur :
www.lamartiniere.fr

Conception graphique et maquette :
Maud Allenet

ISBN : 2-8307-0894-6

Nathalie Combier

Mes crumbles
salés et sucrés

Photographe : Pierrick Verny **Styliste :** Jean Sonnet

Minerva

préface

De l'anglais to *crumble* qui signifie « émietter », le crumble est assurément l'un des plus beaux fleurons de la cuisine britannique.
So british, le crumble s'est heureusement exporté hors de ses frontières insulaires pour s'installer dans notre paysage culinaire. Loin des préjugés cantonnant la gastronomie anglaise aux gelées multicolores et autre bœuf à la menthe, le crumble est un plat délicieux qui se caractérise généralement par une pâte sableuse ou granuleuse délicatement saupoudrée sur des fruits de saison et gratinée au four.
Régal des yeux et des papilles, il est en outre économique, facile à réaliser et se décline à l'infini, s'accompagnant volontiers de glaces et de crèmes savoureuses.
Alors, dessert idéal, le crumble ? Pas seulement ! En effet, je vous propose de le déguster en version salée, en entrée ou en plat de résistance.
Au fil de mes 80 recettes salées et sucrées, à réaliser en toute simplicité, je vous invite à vous régaler au rythme des saisons. Traversez la Manche en moins de 45 minutes, cuisson comprise, et écriez-vous : *Oh my God, my crumble is delicious !*

automne

hiver

printemps

été

Crumbles

automne

POUR 4 PERSONNES

3 poires
3 belles pommes
250 g de fruits rouges surgelés
2 bâtons de cannelle
1 sachet de sucre vanillé
30 g de beurre

Pour la pâte :

100 g de farine fluide
100 g de sucre semoule
80 g de beurre ramolli

Temps de préparation : 20 minutes • Temps de cuisson : 30 minutes

Crumble success story

Préparez la pâte : coupez le beurre en petits morceaux. Dans une jatte, mélangez-le avec la farine et le sucre. Travaillez ce mélange du bout des doigts jusqu'à obtenir une pâte à la texture sableuse. Réservez au frais.
Préchauffez le four à 180 °C (th. 6).
Coupez les pommes et les poires en quatre. Épluchez-les et enlevez le cœur et les pépins. Recoupez les quartiers en petits dés. Dans une poêle, faites fondre les 30 grammes de beurre sur feu vif et ajoutez les pommes, les poires, le sucre vanillé et les bâtons de cannelle. Faites dorer le tout pendant 7 minutes, puis retirez du feu.
Retirez les bâtons de cannelle et ajoutez les fruits rouges. Mélangez.
Versez le contenu de la poêle dans un plat à gratin. Couvrez de la pâte à crumble. Enfournez et laissez cuire pendant 30 minutes.
Servez tiède.

Conseil : dégustez ce crumble en l'accompagnant d'un sorbet à la fraise.

POUR 4 PERSONNES

4 belles pommes type pink lady
25 marrons cuits en bocaux
2 poignées de noisettes décortiquées
1 sachet de sucre vanillé
5 cuillerées à soupe de crème de marron
20 g de beurre

Pour la pâte :

30 g de farine de châtaigne
70 g de farine fluide
80 g de sucre semoule
80 g de beurre ramolli

Temps de préparation : 20 minutes • Temps de cuisson : 30 minutes

Crumble d'automne

Préparez la pâte : coupez le beurre en petits morceaux. Dans une jatte, mélangez-le avec les farines et le sucre. Travaillez ce mélange du bout des doigts jusqu'à obtenir une pâte à la texture sableuse. Réservez.
Préchauffez le four à 180 °C (th. 6).
Coupez les pommes en quatre. Épluchez-les et enlevez le cœur et les pépins. Recoupez les quartiers en petits dés.
Concassez les noisettes.
Dans une poêle, faites fondre les 20 grammes de beurre sur feu vif. Ajoutez les dés de pomme, le sucre vanillé et les marrons. Faites dorer ce mélange pendant environ 7 minutes puis retirez du feu. Ajoutez la crème de marron et les noisettes concassées. Mélangez.
Versez le contenu de la poêle dans un plat à gratin et recouvrez de pâte à crumble. Enfournez et laissez cuire 30 minutes.
Servez tiède.

Variante : vous pouvez réaliser ce crumble avec une pâte différente, en mélangeant par exemple 100 g de beurre, 100 g de farine fluide et 100 g de sucre roux.

Temps de préparation : 20 minutes • Temps de cuisson : 25 minutes

POUR 4 PERSONNES

400 g de boudin noir
200 g de boudin antillais
6 abricots de belle taille
200 g de compote d'abricot
5 feuilles de romarin
30 g de beurre
Poivre

Pour la pâte :

8 marrons cuits en bocaux
5 biscottes briochées aux raisins
40 g de beurre ramolli

Crumble abricots-boudins

Préparez la pâte : écrasez les biscottes à l'aide d'un pilon ou d'un rouleau à pâtisserie. Coupez le beurre en petits morceaux. Émiettez les marrons. Dans une jatte, mélangez le beurre avec le reste des ingrédients. Travaillez ce mélange du bout des doigts jusqu'à obtenir une pâte à la texture sableuse. Réservez.
Préchauffez le four à 180 °C (th. 6).
Lavez les abricots et coupez-les en deux. Enlevez le noyau.
Retirez la peau des boudins et coupez-les en rondelles de taille moyenne.
Dans une poêle, faites fondre le beurre sur feu vif et déposez les abricots. Donnez 1 tour de moulin à poivre. Saisissez 5 minutes et réservez dans une assiette. Ajoutez les rondelles de boudin dans la poêle et faites-les dorer 4 minutes.
Versez les abricots dans un plat à gratin. Déposez les feuilles de romarin. Ajoutez les rondelles de boudin puis nappez de la compote. Recouvrez de pâte à crumble ; enfournez et laissez cuire pendant 25 minutes.
Servez chaud.

Conseil : vous pouvez varier les parfums de la compote, par exemple opter pour une compote pomme-abricot ou même poire-abricot. Vous pouvez également vous dispenser des marrons.

Temps de préparation : 20 minutes • Temps de cuisson : 25 minutes

Crumble aux poires

POUR 4 PERSONNES

5 poires
1 poignée d'amandes
2 cuillerées à soupe de sucre semoule
30 g de beurre

Pour la pâte :

2 cuillerées à soupe d'amandes en poudre
80 g de farine fluide
80 g de sucre semoule
80 g de beurre ramolli

Préparez la pâte : coupez le beurre en petits morceaux. Dans une jatte, mélangez-le avec la farine, les amandes en poudre et le sucre. Travaillez ce mélange du bout des doigts jusqu'à obtenir une pâte à la texture sableuse. Réservez.
Préchauffez le four à 180 °C (th. 6).
Coupez les poires en quatre. Épluchez-les et enlevez le cœur et les pépins. Recoupez-les en petits dés.
Concassez les amandes.
Dans une poêle, faites fondre les 30 grammes de beurre sur feu vif, ajoutez le sucre semoule, les amandes et les dés de poire. Faites dorer l'ensemble pendant 7 minutes.
Versez le contenu de la poêle dans un plat à gratin. Recouvrez de la pâte à crumble, enfournez et laissez cuire pendant 25 minutes. Servez tiède.

POUR 4 PERSONNES

4 pommes
10 pruneaux dénoyautés
100 g de compote de pomme
1 sachet de sucre vanillé
2 cuillerées à soupe de fleur d'oranger
20 g de beurre + 10 g pour le moule

Pour la pâte :

80 g de sucre semoule
1 sachet de sucre vanillé
100 g de farine fluide
80 g de beurre ramolli

Temps de préparation : 25 minutes • Temps de cuisson : 30 minutes

Crumble aux pruneaux

Préparez la pâte : coupez le beurre ramolli en petits morceaux. Dans une jatte, mélangez-le avec la farine et les sucres. Travaillez ce mélange du bout des doigts jusqu'à obtenir une pâte à la texture granuleuse. Réservez.

Coupez les pommes en quatre. Épluchez-les et enlevez le cœur et les pépins. Recoupez les quartiers en petits dés.

Préchauffez le four à 180 °C (th. 6).

Déposez les pruneaux dans une jatte. Ajoutez 5 centilitres d'eau et la fleur d'oranger ; laissez gonfler pendant environ 10 minutes.

Pendant ce temps, faites fondre les 20 grammes de beurre dans une poêle sur feu vif. Ajoutez les dés de pomme et le sucre vanillé. Faites dorer le tout pendant environ 8 minutes. Ajoutez un peu d'eau en cours de cuisson si nécessaire.

Égouttez soigneusement les pruneaux et coupez-les en deux ou en quatre selon leur taille.

Graissez un plat à gratin avec le beurre restant et versez le contenu de la poêle. Ajoutez les pruneaux égouttés. Recouvrez de compote et recouvrez de pâte à crumble. Enfournez et laissez cuire pendant 30 minutes.

Servez tiède.

Temps de préparation : 20 minutes • Temps de cuisson : 20 minutes

Crumble poires-pruneaux au Grand Marnier®

POUR 4 PERSONNES

3 oranges
5 poires type william
200 g de compote d'abricot
2 cuillerées à soupe de sucre semoule
20 g de beurre

Pour la pâte :

5 pruneaux dénoyautés
1 cuillerée à soupe de Grand Marnier®
8 palmiers
2 cuillerées à soupe de sucre semoule
30 g de beurre ramolli

Préparez la pâte : écrasez grossièrement les palmiers à l'aide d'un pilon ou d'un rouleau à pâtisserie. Coupez le beurre ramolli en petits morceaux. Faites de même avec les pruneaux. Dans une jatte, mélangez tous les ingrédients. Ajoutez le Grand Marnier. Travaillez ce mélange du bout des doigts jusqu'à obtenir une pâte à la texture granuleuse. Réservez.
Préchauffez le four à 180 °C (th. 6).
Coupez les poires en quatre. Épluchez-les et enlevez le cœur et les pépins. Recoupez les quartiers en petits dés.
Dans une poêle, faites fondre le beurre sur feu vif et ajoutez le sucre et les dés de poire. Saisissez-les pendant environ 6 minutes.
Versez le contenu de la poêle dans un plat à gratin. Déposez la compote et étalez-la avec le dos d'une cuillère à soupe. Recouvrez de la pâte à crumble, enfournez et laissez cuire 20 minutes.
Servez tiède.

janvier 2008
bien

Temps de préparation : 25 minutes • Temps de cuisson : 25 minutes

Crumble rustico-chic

Préparez la pâte : écrasez les biscottes à l'aide d'un pilon ou d'un rouleau à pâtisserie. Coupez le beurre en petits morceaux. Dans une jatte, mélangez-le avec la chapelure. Travaillez ce mélange du bout des doigts jusqu'à obtenir une pâte à la texture granuleuse. Réservez.
Préchauffez le four à 180 °C (th. 6).
Épluchez les pommes de terre et coupez-les en rondelles.
Émiettez le roquefort et mélangez-le avec la crème.
Coupez le bacon en petits morceaux.
Diluez le cube de bouillon dans une casserole avec 2 litres d'eau bouillante et ajoutez les rondelles de pomme de terre. Laissez-les cuire 15 minutes après la reprise de l'ébullition. Retirez la casserole du feu et égouttez les pommes de terre.
Dans une poêle, faites chauffer l'huile sur feu vif et faites rissoler les rondelles de pomme de terre 5 minutes. Donnez 2 tours de moulin à poivre.
Versez le contenu de la poêle dans un plat à gratin. Parsemez des lamelles de bacon puis du roquefort à la crème. Recouvrez avec la pâte à crumble, enfournez et laissez cuire pendant 25 minutes.
Servez chaud.

POUR 4 PERSONNES

6 tranches de bacon fumé
4 pommes de terre de taille moyenne
100 g de roquefort
1 cube de bouillon de bœuf
1 cuillerée à soupe de crème épaisse
3 cuillerées à soupe d'huile d'olive
Sel, poivre

Pour la pâte :

3 biscottes briochées type « campagnarde »
50 g de beurre ramolli

POUR 4 PERSONNES

4 poires
1 sachet de sucre vanillé
20 g de beurre

Pour la crème anglaise :

3 jaunes d'œufs
75 g de sucre semoule
1 cuillerée à café de vanille liquide
50 cl de lait demi-écrémé
3 gouttes de colorant naturel rouge

Pour la pâte :

10 gâteaux à l'amaretti (épicerie italienne)
1 cuillerée à soupe de sucre semoule
40 g de beurre ramolli

Temps de préparation : 25 minutes • Temps de cuisson : 25 minutes

Crumble italo-chic

Préparez la pâte : écrasez les gâteaux à l'aide d'un pilon ou d'un rouleau à pâtisserie. Coupez le beurre ramolli en petits morceaux. Dans une jatte, mélangez-le avec les gâteaux écrasés et le sucre. Travaillez ce mélange du bout des doigts jusqu'à obtenir une pâte à la texture sableuse. Réservez.
Préparez la crème anglaise : faites chauffer le lait avec la vanille jusqu'à la limite de l'ébullition. Couvrez et laissez tiédir. Dans une jatte, fouettez les jaunes avec le sucre. Ajoutez doucement le lait en fouettant régulièrement. Reversez le tout dans la casserole et portez à la limite de l'ébullition en remuant en permanence sans laisser bouillir. Ajoutez le colorant, mélangez et laissez refroidir.
Préchauffez le four à 180 °C (th. 6).
Coupez les poires en quatre. Épluchez-les et enlevez le cœur et les pépins. Recoupez les quartiers en dés.
Dans une poêle, faites fondre les 20 grammes de beurre sur feu vif avec le sucre vanillé. Ajoutez les poires et faites-les dorer pendant environ 7 minutes.
Versez le contenu de la poêle dans un plat à gratin. Recouvrez de pâte à crumble. Enfournez et laissez cuire pendant 25 minutes.
Servez tiède, accompagné de la crème anglaise très froide.

Temps de préparation : 20 minutes • Temps de cuisson : 30 minutes

Crumble pêche de vigne à la mûre

POUR 4 PERSONNES

8 pêches de vigne
1 barquette de mûres d'environ 125 g
1 cuillerée à soupe de crème de pêche
1 cuillerée à soupe de sucre cristallisé
1 cuillerée à soupe de semoule fine
20 g de beurre

Pour la pâte :

100 g de farine fluide
100 g de sucre semoule
80 g de beurre ramolli

Préparez la pâte : coupez le beurre en petits morceaux. Dans une jatte, mélangez-le avec la farine et le sucre. Travaillez ce mélange du bout des doigts jusqu'à obtenir une pâte à la texture sableuse. Réservez.
Préchauffez le four à 180 °C (th. 6).
Lavez les pêches de vigne. Coupez-les en deux et enlevez le noyau. Recoupez chaque demi-pêche en deux.
Dans un bol, mélangez les mûres au sucre cristallisé.
Dans une poêle, faites fondre les 20 grammes de beurre sur feu vif et ajoutez les morceaux de pêche. Faites-les cuire 5 minutes, puis retirez du feu. Ajoutez la crème de pêche et mélangez.
Saupoudrez la semoule fine dans le fond d'un plat à gratin, versez le contenu de la poêle et parsemez des mûres au sucre cristallisé.
Recouvrez de pâte à crumble, enfournez et laissez cuire pendant 30 minutes.
Servez tiède.

Conseil : la semoule fine absorbera un peu l'excès de jus des fruits rouges et évitera que la pâte soit trop mouillée.

Temps de préparation : 15 minutes • Temps de cuisson : 25 minutes

Crumble
courge et jambon cru

POUR 4 PERSONNES

500 g de courge muscade, cuite la veille
50 g de parmesan râpé
2 œufs
1 cuillerée à soupe de persil haché
1 cuillerée à soupe de crème épaisse
10 g de beurre
Sel, poivre, muscade

Pour la pâte :

2 tranches de jambon cru
3 biscottes briochées type « gourmande »
30 g de beurre ramolli

Préparez la pâte : coupez le jambon en petits dés. Écrasez les biscottes à l'aide d'un pilon ou d'un rouleau à pâtisserie. Coupez le beurre en petits morceaux. Dans une jatte, mélangez le beurre avec le reste des ingrédients. Travaillez ce mélange du bout des doigts jusqu'à obtenir une pâte à la texture granuleuse. Réservez. Préchauffez le four à 180 °C (th. 6).

Dans une jatte, mixez la courge avec le parmesan, le persil, les œufs et la crème. Salez et donnez 2 tours de moulin à poivre et à muscade.

Beurrez un moule à gratin. Versez le contenu de la jatte et lissez avec le dos d'une cuillère à soupe. Recouvrez avec la pâte à crumble. Enfournez et laissez cuire pendant 25 minutes.

Servez chaud.

POUR 4 PERSONNES

4 tranches de gigot cru épaisses
2 tomates rouges
100 g de petits pois surgelés
2 poignées de haricots verts fins
1/2 gousse d'ail
1 échalote
5 cuillerées à soupe d'huile d'olive
Sel, poivre

Pour la pâte :

5 biscottes briochées aux raisins
40 g de beurre ramolli

Temps de préparation : 25 minutes • Temps de cuisson : 25 minutes

Crumble d'agneau et petits légumes

Préparez la pâte : écrasez les biscottes à l'aide d'un pilon ou d'un rouleau à pâtisserie. Coupez le beurre ramolli en petits morceaux et mélangez ces deux ingrédients du bout des doigts jusqu'à obtenir une pâte à la texture sableuse. Réservez.
Préchauffez le four à 180 °C (th. 6).
Coupez la viande en petits dés. Écrasez la demi-gousse d'ail avec un presse-ail. Épluchez l'échalote et émincez-la finement.
Lavez les tomates et coupez-les en quartiers. Enlevez le cœur et les pépins. Préparez les haricots verts et coupez-les en trois ou quatre selon la longueur.
Dans une casserole d'eau bouillante salée, faites cuire les petits pois et les haricots verts à découvert pendant 7 minutes, puis égouttez-les.
Dans une poêle, faites chauffer sur feu vif 3 cuillerées à soupe d'huile d'olive et faites dorer l'échalote et la viande pendant environ 6 minutes. Versez éventuellement un filet d'eau en cours de cuisson si nécessaire.
Dans une autre poêle, faites dorer les quartiers de tomate, les petits pois et les haricots avec le reste d'huile et l'ail. Faites cuire pendant environ 7 minutes.
Versez la viande dans un plat à gratin. Nappez avec les légumes et parsemez de la pâte à crumble ; enfournez et laissez cuire pendant 25 minutes.
Servez chaud.

Temps de préparation : 25 minutes • Temps de cuisson : 25 minutes

Crumble campagne

POUR 4 PERSONNES

4 tranches de jambon blanc aux herbes
4 pommes de terre de taille moyenne
200 g de beaufort fruité
1 cuillerée à soupe de persil haché
1 cuillerée à soupe de basilic haché
1 branche de thym frais
1 cube de bouillon de légumes
3 cuillerées à soupe d'huile d'olive
Sel, poivre, muscade

Pour la pâte :

5 biscottes rondes briochées aux raisins
30 g de beurre ramolli

Préparez la pâte : écrasez les biscottes à l'aide d'un pilon ou d'un rouleau à pâtisserie. Coupez le beurre en petits morceaux. Dans une jatte, mélangez-le avec la chapelure. Travaillez ce mélange du bout des doigts jusqu'à obtenir une pâte à la texture granuleuse. Réservez.

Préchauffez le four à 180 °C (th. 6).

Épluchez les pommes de terre et coupez-les en lamelles.

Enlevez la croûte du beaufort et coupez-le en lamelles fines.

Coupez le jambon en dés.

Diluez le cube de bouillon de légumes dans une casserole avec 2 litres d'eau bouillante et ajoutez les lamelles de pomme de terre. Laissez cuire 20 minutes après la reprise de l'ébullition puis égouttez.

Dans une poêle, faites chauffer l'huile sur feu vif et saisissez les lamelles de pomme de terre pendant 5 minutes. Parsemez-les de fleurs de thym, de persil et de basilic, puis ajoutez le jambon ; prolongez la cuisson 2 minutes. Salez et donnez 2 tours de moulin à poivre et à muscade.

Versez le contenu de la poêle dans un plat à gratin. Parsemez des lamelles de beaufort et recouvrez avec la pâte à crumble. Enfournez et laissez cuire pendant 25 minutes.

Servez chaud.

POUR 4 PERSONNES

5 poires
1 barquette de groseilles d'environ 125 g
2 cuillerées à soupe d'amandes en poudre
4 cuillerées à soupe de sucre semoule
1 bâton de cannelle
30 g de beurre

Pour la pâte :

80 g de farine fluide
2 cuillerées à soupe d'amandes entières
80 g de sucre semoule
80 g de beurre ramolli

Temps de préparation : 20 minutes • Temps de cuisson : 30 minutes

Crumble poires-groseilles

Préparez la pâte : concassez les amandes au robot. Coupez le beurre en petits morceaux. Dans une jatte, mélangez-le avec la farine, le sucre et les amandes concassées. Travaillez ce mélange du bout des doigts jusqu'à obtenir une pâte à la texture granuleuse. Réservez.
Préchauffez le four à 180 °C (th. 6).
Coupez les poires en quatre. Épluchez-les et enlevez le cœur et les pépins. Recoupez les quartiers en petits dés.
Égrainez les groseilles. Dans un bol, mélangez les grains avec 2 cuillerées à soupe de sucre semoule.
Dans une poêle, faites fondre les 30 grammes de beurre sur feu vif et ajoutez le reste du sucre, les dés de poire et le bâton de cannelle. Saisissez les poires pendant environ 7 minutes, puis retirez du feu. Enlevez le bâton de cannelle. Ajoutez les groseilles et mélangez.
Versez le contenu de la poêle dans un plat à gratin. Recouvrez de la pâte à crumble, enfournez et laissez cuire pendant 30 minutes. Servez tiède.

Conseil : accompagnez ce crumble d'un coulis de fraise. Vous pouvez remplacer les amandes entières par 2 cuillerées à soupe d'amandes en poudre.

POUR 4 PERSONNES

5 saucisses aux herbes
4 belles pommes de terre
1 belle tomate
1 échalote
1 cube de bouillon aux herbes
1 cuillerée à café de vinaigre balsamique
3 cuillerées à soupe d'huile d'olive
Sel, poivre

Pour la pâte :

3 biscottes rondes briochées aux raisins
40 g de beurre ramolli

Temps de préparation : 25 minutes • Temps de cuisson : 25 minutes

Crumble champêtre

Préparez la pâte : écrasez les biscottes au pilon ou au rouleau à pâtisserie. Coupez le beurre en petits morceaux. Dans une jatte, mélangez-le avec la chapelure. Travaillez ce mélange du bout des doigts jusqu'à obtenir une pâte à la texture granuleuse. Réservez. Préchauffez le four à 180 °C (th. 6).
Épluchez l'échalote et émincez-la finement. Épluchez les pommes de terre et coupez-les en dés. Ébouillantez la tomate quelques secondes puis passez-la aussitôt sous l'eau froide ; épluchez-la, coupez-la en quartiers et enlevez le cœur et les pépins.
Diluez le cube de bouillon dans une casserole avec 2 litres d'eau bouillante et ajoutez les dés de pomme de terre. Laissez-les cuire 15 minutes à partir de la reprise de l'ébullition puis égouttez.
Dans une poêle, faites chauffer l'huile sur feu vif et faites rissoler les dés de pomme de terre avec l'échalote et les saucisses. Comptez environ 5 minutes de cuisson. Retirez les saucisses, coupez-les en rondelles puis remettez-les dans la poêle. Ajoutez la tomate et comptez encore 3 minutes de cuisson. Donnez 2 tours de moulin à poivre et ajustez en sel.
Versez le vinaigre balsamique dans un plat à gratin puis ajoutez le contenu de la poêle. Recouvrez avec la pâte à crumble, enfournez et laissez cuire pendant 25 minutes.
Servez chaud.

POUR 4 PERSONNES

5 pommes type golden
1 coing d'environ 300 g
100 g de compote de pomme
4 pincées de cannelle
1 sachet de sucre vanillé
2 cuillerées à soupe de sucre semoule
5 cl de cidre brut
30 g de beurre

Pour la pâte :

100 g de farine fluide
100 g de sucre semoule
80 g de beurre ramolli

Temps de préparation : 25 minutes • Temps de cuisson : 30 minutes

Crumble pommes-coings au cidre

Préparez la pâte : coupez le beurre en petits morceaux. Dans une jatte, mélangez-le avec la farine et le sucre. Travaillez ce mélange du bout des doigts jusqu'à obtenir une pâte à la texture sableuse. Réservez.
Préchauffez le four à 180 °C (th. 6).
Épluchez le coing. Coupez-le en quatre et enlevez le cœur et les pépins. Recoupez-le en dés. Dans une casserole, versez 25 centilitres d'eau et déposez-y les dés de coing et le sucre vanillé. Portez à ébullition et laissez mijoter 10 minutes. Retirez du feu et égouttez les dés de coing.
Coupez les pommes en quatre. Épluchez-les, enlevez le cœur et les pépins et recoupez les quartiers en dés.
Dans une poêle, faites fondre les 30 grammes de beurre sur feu vif, ajoutez le sucre semoule et les dés de pomme. Faites-les cuire 5 minutes, puis versez le cidre et laissez mijoter encore 5 minutes.
Versez le contenu de la poêle dans un plat à gratin. Ajoutez les dés de coing égouttés.
Recouvrez d'abord de compote, puis des pincées de cannelle et de la pâte à crumble. Enfournez et laissez cuire 30 minutes.
Servez tiède.

Variante : vous pouvez réaliser ce crumble avec une pâte différente : mélangez par exemple 100 g de beurre, 150 g de farine, 100 g de sucre semoule et 100 g de poudre de noix.

Janvier 2008
sans crème coco
1 peu écoeurant

Temps de préparation : 25 minutes • Temps de cuisson : 25 minutes

Crumble de poulet à la crème de coco

POUR 4 PERSONNES

800 g de blancs de poulet
2 oignons jaunes
4 champignons de Paris
1 cuillerée à soupe de coriandre hachée
2 cuillerées à soupe de curry doux
20 cl de crème de coco (rayon asiatique du supermarché)
40 g de beurre
Sel, poivre

Pour la pâte :

4 biscottes au froment type « petit grillé »
30 g de beurre ramolli

Préparez la pâte : écrasez les biscottes à l'aide d'un pilon ou d'un rouleau à pâtisserie. Coupez le beurre en petits morceaux. Dans une jatte, mélangez ces deux ingrédients en travaillant du bout des doigts jusqu'à obtenir une pâte à la texture granuleuse. Réservez.

Préchauffez le four à 180 °C (th. 6).

Épluchez les champignons et coupez-les en lamelles. Épluchez les oignons et émincez-les finement. Détaillez les blancs de poulet en petits dés.

Dans une poêle, faites fondre les 40 grammes de beurre sur feu vif et ajoutez le poulet, les lamelles de champignon et les oignons. Faites dorer pendant environ 5 minutes. Saupoudrez de curry, ajoutez la crème de coco ; salez et poivrez. Laissez mijoter pendant environ 10 minutes.

Versez le contenu de la poêle dans un plat à gratin. Saupoudrez de la coriandre. Recouvrez de la pâte à crumble ; enfournez et laissez cuire pendant 25 minutes.

Servez chaud.

Temps de préparation : 30 minutes • Temps de cuisson : 25 minutes

Crumble Rosy

POUR 4 PERSONNES

5 poires
10 pralines roses
1 sachet de sucre vanillé
20 g de beurre

Pour la crème pâtissière :

1 œuf
1 cuillerée à soupe de farine fluide
4 cuillerées à soupe de sucre semoule
1 cuillerée à café de vanille liquide
30 cl de lait demi-écrémé

Pour la pâte :

100 g de sucre semoule
100 g de farine fluide
80 g de beurre ramolli

Préparez la pâte : coupez le beurre ramolli en petits morceaux. Dans une jatte, mélangez-le avec la farine et le sucre. Travaillez ce mélange du bout des doigts jusqu'à obtenir une pâte à la texture sableuse. Réservez.
Préchauffez le four à 180 °C (th. 6).
Coupez les poires en quatre. Épluchez-les et enlevez le cœur et les pépins. Recoupez les quartiers en petits dés.
Dans une poêle, faites fondre les 20 grammes de beurre sur feu vif, ajoutez les dés de poire et le sucre vanillé. Faites dorer pendant 7 minutes.
Concassez les pralines.
Préparez la crème pâtissière en mélangeant l'œuf, le sucre et la farine. Dans une casserole, faites tiédir le lait avec la vanille liquide. Versez doucement le lait tiédi sur le mélange œuf-sucre-farine. Fouettez le mélange puis filtrez-le avec un chinois ou une passoire très fine et reversez le lait filtré dans la casserole. Chauffez jusqu'à ce que la crème épaississe, puis retirez la casserole du feu.
Déposez les poires et les pralines dans un plat à gratin. Ajoutez 6 cuillérées à soupe de crème pâtissière et étalez avec le dos de la cuillère. Recouvrez de pâte à crumble, enfournez et laissez cuire pendant 25 minutes. Servez tiède.

Conseil : vous pouvez ajouter 1 cuillerée à soupe de poudre d'amande dans la crème pâtissière avant de l'étaler sur les poires.

POUR 4 PERSONNES

5 bananes
2 pommes type pink lady
200 g de chocolat au lait et aux noisettes
1 sachet de sucre vanillé
20 g de beurre demi-sel

Pour la pâte :

40 g de muesli sans sucre ajouté
80 g de sucre semoule
80 g de farine fluide
60 g de beurre ramolli

Temps de préparation : 20 minutes • Temps de cuisson : 30 minutes

Crumble au chocolat et aux céréales

Préparez la pâte : coupez le beurre en petits morceaux. Dans une jatte, mélangez le beurre avec le reste des ingrédients. Travaillez ce mélange du bout des doigts jusqu'à obtenir une pâte à la texture sableuse. Réservez.
Épluchez les bananes. Coupez-les en rondelles de taille moyenne.
Préchauffez le four à 180 °C (th. 6).
Coupez les pommes en quatre. Épluchez-les et enlevez le cœur et les pépins. Détaillez les quartiers en petits dés.
Dans une poêle, faites fondre les 20 grammes de beurre sur feu vif. Ajoutez le sucre vanillé, puis faites dorer les dés de pomme pendant environ 6 minutes. Retirez du feu et ajoutez les rondelles de banane. Mélangez.
Cassez le chocolat en carrés.
Versez le contenu de la poêle au fond d'un plat à gratin. Recouvrez des carrés de chocolat, puis de la pâte à crumble. Enfournez et laissez cuire pendant 30 minutes.
Servez tiède.

Variante : vous pouvez remplacer le chocolat au lait par du chocolat noir aux noisettes ou aux amandes.

Temps de préparation : 20 minutes • Temps de cuisson : 25 minutes

POUR 4 PERSONNES

5 poires
100 g de chocolat noir
1 cuillerée à soupe de sucre semoule
20 g de beurre
2 cuillerées à soupe de pralin
(au rayon pâtisserie)

Pour la pâte :

7 petits-beurre
1 cuillerée à soupe de sucre semoule
20 g de beurre ramolli

Crumble choc' et poires

Préparez la pâte : coupez le beurre en petits morceaux. Émiettez les biscuits. Dans une jatte, mélangez le beurre avec les miettes de gâteau et le sucre. Travaillez le mélange du bout des doigts jusqu'à obtenir une pâte à la texture granuleuse. Réservez.
Préchauffez le four à 180 °C (th. 6).
Coupez les poires en quatre et épluchez-les ; enlevez le cœur et les pépins. Recoupez les quartiers en petits morceaux.
Cassez le chocolat en morceaux.
Dans une poêle, faites fondre le beurre sur feu vif et saisissez les morceaux de poire pendant environ 5 minutes. Ajoutez le pralin et le sucre, puis mélangez.
Versez les poires dans un petit plat à gratin. Recouvrez des carrés de chocolat puis saupoudrez de la pâte à crumble. Enfournez et laissez cuire pendant 25 minutes.
Servez tiède.

Conseil : dégustez ce crumble avec une glace au chocolat ou aux fruits rouges.

POUR 4 PERSONNES

300 g de viande de bœuf hachée
400 g de viande de veau hachée
1 oignon jaune
1 échalote
1/2 gousse d'ail
1 cuillerée à soupe de concentré de tomate
150 g de gorgonzola
1 cuillerée à soupe de crème épaisse
5 cuillerées à soupe d'huile d'olive
Sel, poivre, muscade

Pour la pâte :

5 tomates séchées à l'huile d'olive
2 biscottes briochées type « gourmande »
1 cuillerée à café de basilic haché
1 pincée de piment (facultatif)
2 cuillerées à soupe d'huile d'olive

Temps de préparation : 30 minutes • Temps de cuisson : 25 minutes

Crumble de bœuf au gorgonzola

Préparez la pâte : écrasez les biscottes à l'aide d'un pilon ou d'un rouleau à pâtisserie. Coupez les tomates séchées en petits morceaux. Dans une jatte, mélangez-les avec le reste des ingrédients. Travaillez ce mélange du bout des doigts jusqu'à obtenir une pâte à la texture sableuse. Salez et donnez 1 tour de moulin à poivre. Réservez.
Préchauffez le four à 180 °C (th. 6).
Épluchez l'oignon et l'échalote et émincez-les finement.
Dégermez l'ail et réduisez-le en purée avec un presse-ail.
Enlevez la croûte du fromage. Coupez-le en morceaux. Dans un bol, mélangez-le avec le concentré de tomate et la crème.
Dans une poêle, faites chauffer l'huile sur feu vif et ajoutez l'oignon et l'échalote. Faites-les dorer pendant 3 minutes, puis ajoutez les viandes et l'ail. Salez, donnez 2 tours de moulin à poivre et à muscade. Laissez mijoter pendant 10 minutes. Ajoutez éventuellement un peu d'eau en cours de cuisson si nécessaire.
Versez le contenu de la poêle dans le fond d'un plat à gratin. Recouvrez du mélange gorgonzola-crème-tomate, puis de pâte à crumble. Enfournez et laissez cuire pendant 25 minutes.
Servez chaud.

Conseil : vous pouvez remplacer le gorgonzola par de la fourme ou du roquefort.

Crumbles

hiver

Temps de préparation : 25 minutes • Temps de cuisson : 25 minutes

Crumble poisson-coco

POUR 4 PERSONNES

600 g de filet de poisson blanc sans arêtes
2 pincées de cumin en poudre
4 pincées de gingembre en poudre
1 cuillerée à soupe de coriandre hachée
1 cuillerée à soupe de jus de citron vert
1 boîte de lait de coco
2 cuillerées à soupe de crème épaisse
Sel, poivre, muscade

Pour la pâte :

3 biscottes au blé complet type « petit grillé »
30 g de beurre ramolli

Préparez la pâte : coupez le beurre en petits morceaux. Émiettez les biscottes en les écrasant à l'aide d'un pilon ou d'un rouleau à pâtisserie. Dans une jatte, mélangez le beurre avec la chapelure. Salez et donnez 1 tour de moulin à poivre. Travaillez ce mélange du bout des doigts jusqu'à obtenir une pâte à la texture sableuse. Réservez au frais.

Préchauffez le four à 180 °C (th. 6).

Dans une casserole, déposez le filet de poisson. Versez le lait de coco, ajoutez le gingembre, le cumin et le jus de citron vert. Portez à ébullition et laissez cuire 5 minutes. Retirez du feu et laissez le poisson dans la casserole encore 5 minutes.

À l'aide d'une écumoire, récupérez le filet de poisson et déposez-le dans un plat à gratin.

Dans un bol, mélangez 3 cuillerées à soupe du contenu de la casserole avec la crème et la coriandre. Salez et donnez 2 tours de moulin à poivre et à muscade.

Étalez le contenu du bol sur le filet. Recouvrez avec la pâte, enfournez et laissez cuire pendant 25 minutes.

Servez chaud.

POUR 4 PERSONNES

4 poires
1 belle pomme type pink lady
1 sachet de sucre vanillé
4 gouttes d'extrait d'amande amère
20 g de beurre

Pour la pâte :

8 macarons secs à la noix de coco
2 cuillerées à soupe de sucre semoule
40 g de beurre ramolli

Temps de préparation : 25 minutes • Temps de cuisson : 25 minutes

Crumble macarons-coco

Préparez la pâte : coupez le beurre en petits morceaux. Émiettez les gâteaux. Dans une jatte, mélangez le beurre avec les miettes de gâteau et le sucre. Travaillez ce mélange du bout des doigts jusqu'à obtenir une pâte à la texture sableuse. Réservez.
Préchauffez le four à 180 °C (th. 6).
Coupez les poires et la pomme en quatre. Épluchez-les et enlevez le cœur et les pépins. Recoupez les quartiers en dés.
Dans une poêle, faites fondre les 20 grammes de beurre sur feu vif avec le sucre vanillé. Ajoutez les dés de fruit et faites-les dorer pendant environ 7 minutes. Ajoutez l'amande amère et mélangez.
Versez le contenu de la poêle dans un plat à gratin. Recouvrez avec la pâte à crumble, enfournez et laissez cuire 25 minutes.
Servez tiède.

Temps de préparation : 10 minutes • Temps de cuisson : 25 minutes

Crumble nordique

POUR 4 PERSONNES

500 g de filet de saumon
3 oignons blancs
1 cuillerée à soupe d'aneth hachée
1 cuillerée à soupe de persil haché
3 cuillerées à soupe de crème épaisse
1 cuillerée à café de vinaigre balsamique
2 cuillerées à soupe d'huile d'olive
12 baies roses
Sel, poivre

Pour la pâte :

3 biscottes Wasa® type « authentique »
40 g de beurre ramolli

Préparez la pâte : émiettez les biscottes en les écrasant à l'aide d'un pilon ou d'un rouleau à pâtisserie. Coupez le beurre en petits morceaux. Dans une jatte, mélangez-le avec la chapelure. Travaillez ce mélange du bout des doigts jusqu'à obtenir une pâte à la texture sableuse. Réservez.
Préchauffez le four à 180 °C (th. 6).
Coupez le saumon en petits dés.
Épluchez les oignons et émincez-les finement.
Dans un bol, mélangez les herbes avec les baies roses, ajoutez 1 cuillerée à soupe d'huile d'olive et la crème. Salez et donnez 2 tours de moulin à poivre.
Dans une petite poêle, faites chauffer 1 cuillerée à soupe d'huile d'olive sur feu vif et faites dorer les oignons blancs 3 minutes.
Versez le vinaigre balsamique dans le fond d'un moule à gratin. Ajoutez les oignons puis les morceaux de saumon et le contenu du bol. Recouvrez avec la pâte à crumble, enfournez et laissez cuire pendant 25 minutes.
Servez chaud.

POUR 4 PERSONNES

3 oranges
100 g de chocolat noir truffé
2 bâtonnets d'orange confite
2 cuillerées à soupe de sucre cristallisé
1 cuillerée à soupe de semoule fine
20 g de beurre

Pour la pâte :

70 g de Kellog's extra®au chocolat
1 cuillerée à soupe de sucre semoule
15 g de beurre ramolli

Temps de préparation : 20 minutes • Temps de cuisson : 20 minutes

Crumble black orange

Préchauffez le four à 180 °C (th. 6).
Préparez la pâte : coupez le beurre en petits morceaux. Dans une jatte, mélangez-le avec les céréales et le sucre. Travaillez le mélange du bout des doigts ou avec une cuillère à soupe jusqu'à obtenir une pâte à la texture granuleuse. Réservez.
Épluchez les oranges. Séparez les quartiers, puis recoupez chacun en 3 ou 4 morceaux.
Coupez les bâtonnets d'orange confite en petits dés. Cassez le chocolat en carrés.
Dans une poêle, faites fondre les 20 grammes de beurre sur feu vif; ajoutez le sucre, les morceaux d'orange et les dés d'orange confite. Saisissez le tout pendant 4 minutes puis retirez du feu et égouttez le contenu de la poêle.
Saupoudrez un plat à gratin de semoule fine, puis versez le contenu de la poêle. Répartissez les carrés de chocolat dessus, recouvrez de la pâte à crumble, puis enfournez et laissez cuire pendant 20 minutes.
Servez tiède.

Conseil : servez ce crumble accompagné d'un coulis d'abricot ou de mangue. La semoule fine absorbera un peu l'excès de jus des fruits rouges et évitera que la pâte soit trop mouillée.

Temps de préparation : 20 minutes • Temps de cuisson : 30 minutes

Crumble des jours de fête

POUR 4 PERSONNES

4 poires
20 marrons cuits en bocaux
100 g de chocolat noir truffé
1 sachet de sucre vanillé
4 cuillerées à soupe de crème de marron
30 g de beurre demi-sel

Pour la pâte :

70 g de sucre semoule
2 cuillerées à soupe de sucre roux
100 g de farine fluide
80 g de beurre ramolli

Préparez la pâte : coupez le beurre en petits morceaux. Dans une jatte, mélangez-le avec la farine et les sucres. Travaillez ce mélange du bout des doigts jusqu'à obtenir une pâte à la texture sableuse. Réservez.

Préchauffez le four à 180 °C (th. 6).

Coupez les poires en quatre. Épluchez-les et enlevez le cœur et les pépins. Recoupez-les en petits morceaux.

Cassez le chocolat en carrés.

Dans une poêle, faites fondre les 30 grammes de beurre sur feu vif et ajoutez les dés de poire, le sachet de sucre vanillé et les marrons. Faites revenir pendant 6 minutes.

Versez le contenu de la poêle dans un plat à gratin. Répartissez les carrés de chocolat sur le dessus, puis versez la crème de marron ; étalez-la avec le dos d'une cuillère à soupe. Recouvrez de la pâte à crumble, puis enfournez et laissez cuire pendant 30 minutes.

Servez tiède.

Conseil : vous pouvez placer tous les carrés de chocolat au centre du crumble en les enfouissant un peu dans les poires. Cela créera un cœur de chocolat fondant.

POUR 4 PERSONNES

1 gros ananas
1 sachet de sucre vanillé
30 g de beurre demi-sel

Pour la pâte :

2 pincées de cannelle en poudre
100 g de poudre d'amande
100 g de sucre semoule
100 g de farine
100 g de beurre ramolli

Temps de préparation : 20 minutes • Temps de cuisson : 30 minutes

Crumble ananas

Préparez la pâte : coupez le beurre ramolli en petits morceaux. Dans une jatte, mélangez tous les ingrédients. Travaillez ce mélange du bout des doigts jusqu'à obtenir une pâte à la texture sableuse. Réservez.
Préchauffez le four à 180 °C (th. 6).
Épluchez soigneusement l'ananas et coupez la chair en dés.
Dans une grande poêle, faites fondre le beurre sur feu vif ; ajoutez le sucre vanillé et les dés d'ananas. Faites dorer pendant environ 5 minutes.
Versez le contenu de la poêle dans un plat à gratin. Saupoudrez de pâte ; enfournez et laissez cuire pendant 30 minutes.
Servez tiède.

Temps de préparation : 25 minutes • Temps de cuisson : 25 minutes

Crumble jambon-ananas

POUR 4 PERSONNES

4 tranches de jambon à cuire d'environ 200 g chacune
2 tranches épaisses de lard fumé
4 tranches d'ananas
2 cuillerées à soupe d'huile d'olive
20 g de beurre demi-sel
Poivre

Pour la pâte :

5 biscottes briochées aux raisins
40 g de beurre ramolli

Préparez la pâte : écrasez les biscottes à l'aide d'un pilon ou d'un rouleau à pâtisserie. Coupez le beurre en petits morceaux. Dans une jatte, mélangez tous les ingrédients. Travaillez ce mélange du bout des doigts jusqu'à obtenir une pâte à la texture sableuse. Réservez.

Préchauffez le four à 180 °C (th. 6).

Détaillez le lard en fins bâtonnets. Coupez l'ananas en dés.

Faites chauffer l'huile dans une grande poêle sur feu vif. Faites-y dorer les tranches de jambon pendant 2 minutes sur chaque face. Réservez-les dans une assiette puis coupez-les en dés.

Dans la même poêle, faites dorer ensemble les lardons et les dés d'ananas pendant 5 minutes. Retirez du feu, ajoutez les dés de jambon et mélangez.

Versez le contenu de la poêle dans un plat à gratin. Recouvrez de pâte à crumble, enfournez et laissez cuire pendant 25 minutes.

Conseil : vous pouvez utiliser pour cette recette de l'ananas au sirop de bonne qualité.

Temps de préparation : 35 minutes • Temps de cuisson : 25 minutes

Crumble aux fruits confits

POUR 4 PERSONNES

3 belles pommes type royal gala
1 cuillerée à soupe de fruits confits
1 cuillerée à café de sucre semoule
1 cuillerée à soupe de rhum brun
1 cuillerée à café de fleur d'oranger
20 g de beurre

Pour la crème pâtissière :

1 œuf
4 cuillerées à soupe de sucre semoule
1 cuillerée à soupe de farine fluide
1 cuillerée à café de vanille liquide
20 cl de lait demi-écrémé

Pour la pâte :

100 g de farine fluide
100 g de sucre semoule
80 g de beurre ramolli

Préparez la pâte : coupez le beurre en petits morceaux. Dans une jatte, mélangez-le avec la farine et le sucre. Travaillez ce mélange du bout des doigts jusqu'à obtenir une pâte à la texture sableuse. Réservez.

Coupez les pommes en quatre. Épluchez-les et enlevez le cœur et les pépins. Recoupez les quartiers en petits dés.

Dans une poêle, faites fondre les 20 grammes de beurre sur feu vif, puis ajoutez les dés de pomme et le sucre. Faites dorer pendant 7 minutes.

Préchauffez le four à 180 °C (th. 6).

Préparez la crème pâtissière en mélangeant l'œuf, le sucre et la farine. Dans une casserole, faites tiédir le lait avec la vanille liquide. Versez doucement le lait sur le mélange œuf-sucre-farine ; fouettez. Filtrez à travers un chinois ou une passoire très fine et reversez le lait dans la casserole. Faites chauffer jusqu'à ce que la crème épaississe, puis retirez la casserole du feu.

Ajoutez à la crème le rhum, la fleur d'oranger et les fruits confits ; mélangez.

Déposez les pommes dans un plat à gratin. Ajoutez au moins 6 cuillerées à soupe de crème pâtissière et étalez avec le dos de la cuillère. Recouvrez de pâte à crumble, enfournez et laissez cuire pendant 25 minutes.

Servez tiède.

POUR 4 PERSONNES

500 g de boudin noir
2 pommes granny-smith
300 g de compote de pomme
1 sachet de sucre vanillé
20 g de beurre demi-sel
Sel, poivre

Pour la pâte :

3 biscottes briochées
type « campagnarde »
50 g de beurre ramolli

Temps de préparation : 20 minutes • Temps de cuisson : 25 minutes

Crumble de boudin à la granny-smith

Préparez la pâte : écrasez les biscottes à l'aide d'un pilon ou d'un rouleau à pâtisserie. Coupez le beurre en petits morceaux. Dans une jatte, mélangez-le avec la chapelure. Travaillez ce mélange du bout des doigts jusqu'à obtenir une pâte à la texture granuleuse. Réservez.

Préchauffez le four à 180 °C (th. 6).

Coupez les pommes en quatre. Épluchez-les et enlevez le cœur et les pépins. Recoupez les quartiers en dés.

Ôtez la peau des boudins et coupez-les en rondelles de taille moyenne.

Dans une poêle, faites fondre 10 grammes de beurre sur feu vif et ajoutez les dés de pomme ainsi que le sucre vanillé. Faites rissoler pendant environ 6 minutes puis retirez la poêle du feu.

Dans une autre poêle, faites fondre le beurre restant sur feu vif et saisissez les rondelles de boudin pendant 4 minutes.

Dans un plat à gratin, versez les dés de pomme puis les rondelles de boudin. Recouvrez avec la compote et lissez avec le dos d'une cuillère à soupe. Recouvrez de pâte à crumble; enfournez et laissez cuire pendant 25 minutes.

Servez chaud ou tiède.

Variante : vous pouvez ajouter 200 g de boudin antillais.

Temps de préparation : 20 minutes • Temps de cuisson : 30 minutes

Crumble chocolat, noisettes et marrons

POUR 4 PERSONNES

5 pommes
1 poire
100 g de chocolat noir aux noisettes, aux raisins et aux amandes
1 cuillerée à soupe de sucre semoule
2 cuillerées à soupe de crème de marron
20 g de beurre demi-sel

Pour la pâte :

100 g de sucre semoule
100 g de farine fluide
80 g de beurre ramolli

Préparez la pâte : coupez le beurre en petits morceaux. Dans une jatte, mélangez-le avec la farine et le sucre. Travaillez ce mélange du bout des doigts jusqu'à obtenir une pâte à la texture sableuse. Réservez au frais.
Préchauffez le four à 180 °C (th. 6).
Coupez les pommes et la poire en quatre. Épluchez-les et enlevez les cœurs et les pépins. Recoupez les quartiers de fruit en dés.
Cassez le chocolat en carrés.
Dans une poêle, faites fondre les 20 grammes de beurre sur feu vif, ajoutez le sucre et les dés de pomme et de poire. Faites dorer pendant 5 minutes. Retirez la poêle du feu, ajoutez la crème de marron et mélangez.
Versez le contenu de la poêle dans un moule à gratin. Répartissez les carrés de chocolat dessus et recouvrez de la pâte à crumble ; enfournez et laissez cuire pendant 30 minutes.
Servez tiède.

POUR 4 PERSONNES

2 mangues de 500 g chacune
2 bananes
2 cuillerées à soupe de jus de citron vert
1 cuillerée à café de sucre roux
20 g de beurre

Pour la pâte :

8 speculoos
30 g de beurre ramolli

Temps de préparation : 20 minutes • Temps de cuisson : 25 minutes

Crumble de mangues

Préparez la pâte : coupez le beurre en petits morceaux. Émiettez les gâteaux. Dans une jatte, mélangez le beurre avec les gâteaux. Travaillez ce mélange du bout des doigts jusqu'à obtenir une pâte à la texture sableuse. Réservez.
Préchauffez le four à 180 °C (th. 6).
Épluchez les bananes et coupez-les en rondelles de taille moyenne.
Épluchez les mangues et coupez la chair en gros dés.
Dans une grande poêle, faites fondre les 20 grammes de beurre sur feu vif et ajoutez les morceaux de mangue, la banane, le jus de citron vert et le sucre roux. Laissez dorer environ 7 minutes. Ajoutez un peu d'eau en cours de cuisson si nécessaire.
Versez le contenu de la poêle dans un moule à gratin. Recouvrez de la pâte à crumble, enfournez et laissez cuire 25 minutes.
Servez tiède.

Conseil : servez ce crumble accompagné d'une boule de glace à la vanille.

Variante : vous pouvez réaliser ce crumble avec seulement 2 mangues d'environ 500 g chacune, 1 cuillérée à soupe de sucre roux et 20 g de beurre; pour la pâte, vous pouvez également mélanger 30 g de beurre, 10 boudoirs et 1 cuillerée à soupe de sucre cristallisé.

Temps de préparation : 20 minutes • Temps de cuisson : 30 minutes

Crumble mangue-ananas

POUR 4 PERSONNES

1 mangue (environ 500 g)
4 tranches d'ananas
1 sachet de caramel liquide
20 g de beurre

Pour la pâte :

50 g d'ananas sec (au rayon fruits secs du supermarché)
2 cuillerées à soupe de sucre semoule
7 petits-beurre
30 g de beurre demi-sel ramolli

Préparez la pâte : écrasez les petits-beurre. Coupez l'ananas sec en petits morceaux, ainsi que le beurre ramolli. Dans une jatte, mélangez le beurre avec les fruits secs, les biscuits et le sucre. Travaillez ce mélange du bout des doigts jusqu'à obtenir une pâte à la texture granuleuse. Réservez.
Préchauffez le four à 180 °C (th. 6).
Épluchez la mangue et coupez la chair en petits dés.
Coupez les tranches d'ananas en petits morceaux.
Dans une poêle, faites fondre les 20 grammes de beurre sur feu vif et ajoutez les fruits. Faites-les dorer environ 6 minutes.
Versez le caramel liquide dans un plat à gratin et ajoutez le contenu de la poêle. Recouvrez de la pâte à crumble, enfournez et laissez cuire pendant 30 minutes.
Servez tiède.

Conseil : hors saison, optez pour des fruits au sirop de bonne qualité.

POUR 4 PERSONNES

4 cuisses de canard confit
2 belles aubergines
150 g de caviar d'aubergine
6 cuillerées à soupe d'huile d'olive

Pour la pâte :

4 biscottes type « petit grillé » au froment
1 biscotte briochée type « gourmande »
1 cuillerée à soupe de parmesan râpé
3 cuillerées à soupe d'huile d'olive

Temps de préparation : 30 minutes • Temps de cuisson : 25 minutes

Crumble de confit de canard au caviar d'aubergine

Préparez la pâte : écrasez les biscottes à l'aide d'un pilon ou d'un rouleau à pâtisserie. Dans une jatte, mélangez tous les ingrédients. Travaillez ce mélange du bout des doigts jusqu'à obtenir une pâte à la texture granuleuse. Réservez.
Préchauffez le four à 180 °C (th. 6).
Lavez les aubergines, ôtez la queue et coupez-les en tranches fines.
Versez 4 cuillerées à soupe d'huile d'olive dans un autocuiseur.
Déposez les tranches d'aubergine et ajoutez 20 centilitres d'eau.
Fermez la cocotte et laissez cuire 10 minutes à partir du premier sifflement. Retirez du feu et égouttez les aubergines.
Pendant ce temps, désossez les cuisses de canard et coupez la viande en morceaux.
Dans une poêle, faites dorer les aubergines dans le reste de l'huile d'olive pendant 5 minutes.
Déposez les morceaux de canard au fond d'un moule à gratin.
Recouvrez avec les aubergines, puis avec le caviar d'aubergine ; lissez avec le dos d'une cuillère à soupe. Recouvrez ensuite avec la pâte à crumble. Enfournez et laissez cuire pendant 25 minutes.
Servez chaud.

Conseil : l'idéal est de faire cuire les aubergines la veille pour bien les laisser égoutter. Vous pouvez également faire cuire les aubergines directement dans une cocotte à fond épais. Versez toute l'huile et faites-les dorer pendant 5 minutes, puis réduisez le feu et laissez-les mijoter pendant environ 20 minutes en ajoutant un peu d'eau en cours de cuisson.

03/2008 Très bof
bcp trop de coco

Temps de préparation : 20 minutes • Temps de cuisson : 25 minutes

Crumble pomme-coco

POUR 4 PERSONNES

5 pommes type golden
1 sachet de sucre vanillé
30 g de beurre

Pour la pâte :

80 g de noix de coco
2 cuillerées à soupe de miel
2 cuillerées à soupe de sucre semoule
40 g de beurre ramolli

Préchauffez le four à 180 °C (th. 6).
Préparez la pâte : coupez le beurre ramolli en petits morceaux. Dans une jatte, mélangez le beurre avec la noix de coco, le miel et le sucre. Travaillez ce mélange du bout des doigts jusqu'à obtenir une pâte à la texture granuleuse. Réservez.
Coupez les pommes en quatre. Épluchez-les et enlevez le cœur et les pépins. Recoupez les quartiers en petits dés.
Dans une poêle, faites fondre les 30 grammes de beurre sur feu vif. Ajoutez les pommes et le sucre vanillé. Faites dorer pendant 6 minutes en remuant régulièrement.
Versez le contenu de la poêle dans un plat à gratin et recouvrez de pâte à crumble. Enfournez et laissez cuire pendant 25 minutes.
Servez tiède.

Conseil : accompagnez ce crumble d'une crème anglaise bien froide.

Variante : vous pouvez réaliser ce crumble avec une autre pâte : mélangez par exemple 30 g de beurre, 50 g de Kellog's extra® au chocolat et 2 cuillerées à soupe de sucre semoule.

POUR 4 PERSONNES

500 g de filet de saumon
500 g de brocolis
200 g de gouda au cumin
30 g de beurre
Sel, poivre

Pour la pâte :

3 biscottes Wasa® type « authentique »
40 g de beurre ramolli

Temps de préparation : 35 minutes • Temps de cuisson : 25 minutes

Crumble saumon-brocolis

Préparez la pâte : émiettez les biscottes à l'aide d'un pilon ou d'un rouleau à pâtisserie. Coupez le beurre en petits morceaux. Dans une jatte, mélangez-le avec la chapelure. Travaillez ce mélange du bout des doigts jusqu'à obtenir une pâte à la texture sableuse. Réservez.

Préchauffez le four à 180 °C (th. 6).

Coupez le saumon et le gouda en dés.

Préparez les brocolis : faites-les cuire dans une casserole d'eau bouillante salée pendant 20 minutes après la reprise de l'ébullition. Retirez-les du feu et égouttez-les.

Dans une poêle, faites fondre la moitié du beurre sur feu vif et saisissez les dés de saumon pendant 3 minutes. Retirez-les de la poêle et ajoutez le reste du beurre et les brocolis ; saisissez-les pendant 5 minutes. Donnez 2 tours de moulin à poivre.

Déposez les brocolis dans un plat à gratin. Parsemez des dés de saumon puis de gouda.

Recouvrez avec la pâte à crumble, enfournez et laissez cuire pendant 25 minutes.

Servez chaud.

Variante : vous pouvez remplacer le gouda par du comté et parsemer ce crumble de cumin en poudre.

Temps de préparation : 30 minutes • Temps de cuisson : 25 minutes

Crumble de poisson au fenouil et chou vert

POUR 4 PERSONNES

600 g de filet de poisson blanc
1/2 chou vert
1 carotte
10 graines de fenouil
1 cube de court-bouillon
1 cuillerée à soupe d'huile d'olive
40 g de beurre
Sel, poivre

Pour la pâte :

4 biscottes au blé complet
type « petit grillé »
30 g de beurre ramolli

Préparez la pâte : écrasez les biscottes à l'aide d'un pilon ou d'un rouleau à pâtisserie. Coupez le beurre en petits morceaux. Dans une jatte, mélangez-le avec la chapelure. Travaillez ce mélange du bout des doigts jusqu'à obtenir une pâte à la texture granuleuse. Réservez.

Préchauffez le four à 180 °C (th. 6).

Lavez les feuilles de chou et retirez les nervures les plus grosses. Émincez les feuilles finement.

Épluchez la carotte et lavez-la, puis coupez-la en fins bâtonnets.

Dans une casserole d'eau bouillante, diluez le cube de court-bouillon et plongez-y le filet de poisson. Laissez cuire 10 minutes à partir de l'ébullition.

Dans une grande poêle, faites fondre le beurre sur feu vif et ajoutez le chou émincé et les bâtonnets de carotte. Salez et donnez 2 tours de moulin à poivre. Faites dorer 5 minutes, ajoutez un peu d'eau puis couvrez et laissez cuire 10 minutes.

Dans un plat à gratin, versez l'huile d'olive et répartissez les graines de fenouil. Déposez le filet de poisson, puis les légumes de la poêle. Recouvrez de la pâte à crumble. Enfournez et laissez cuire pendant 25 minutes.

Servez chaud.

Temps de préparation : 20 minutes • Temps de cuisson : 30 minutes

POUR 4 PERSONNES

1 mangue (environ 500 g)
2 bananes
1 cuillerée à soupe de jus de citron vert
2 cuillerées à soupe de sucre roux
30 g de beurre

Pour la pâte :

8 petits massepains (macarons aux amandes)
1 cuillerée à soupe de sucre semoule
40 g de beurre ramolli

Crumble exotique

Préchauffez le four à 180 °C (th. 6).
Préparez la pâte : coupez le beurre en petits morceaux. Émiettez les gâteaux. Dans une jatte, mélangez le beurre avec les miettes de gâteau et le sucre. Travaillez ce mélange du bout des doigts jusqu'à obtenir une pâte à la texture granuleuse. Réservez.
Épluchez la mangue et coupez-la en morceaux.
Épluchez les bananes et coupez-les en rondelles de taille moyenne.
Dans une poêle, faites chauffer le beurre sur feu vif et ajoutez la mangue, les bananes, le sucre et le jus de citron. Saisissez ce mélange pendant 5 minutes.
Versez le contenu de la poêle dans un plat à gratin. Saupoudrez de pâte à crumble, enfournez et laissez cuire pendant 30 minutes.
Servez tiède.

Conseil : servez ce crumble accompagné d'un sorbet aux agrumes : citron, orange ou mandarine.

Variante : vous pouvez remplacer les macarons par une poignée de cacahuètes sucrées. Dans ce cas, n'ajoutez pas de beurre.

POUR 4 PERSONNES

500 g de boudin noir
1/2 chou vert
1 pomme type royal gala
50 g de beurre
Sel, poivre

Pour la pâte :

3 biscottes briochées type « gourmande »
8 marrons cuits en bocaux
50 g de beurre ramolli

Temps de préparation : 25 minutes • Temps de cuisson : 25 minutes

Crumble de boudin au chou

Préparez la pâte : écrasez les biscottes à l'aide d'un pilon ou d'un rouleau à pâtisserie. Coupez le beurre en petits morceaux. Émiettez les marrons. Dans une jatte, mélangez tous les ingrédients. Travaillez ce mélange du bout des doigts jusqu'à obtenir une pâte à la texture granuleuse. Réservez.
Préchauffez le four à 180 °C (th. 6).
Lavez les feuilles de chou et retirez les nervures les plus grosses. Émincez finement les feuilles.
Coupez la pomme en quatre. Épluchez-la et enlevez le cœur et les pépins. Recoupez les quartiers en lamelles de taille moyenne.
Enlevez la peau des boudins et coupez-les en rondelles épaisses.
Dans une grande poêle, faites fondre 40 gramme de beurre sur feu vif et ajoutez le chou émincé et les lamelles de pomme. Salez et donnez 2 tours de moulin à poivre. Faites dorer 7 minutes. Ajoutez un peu d'eau si nécessaire, puis couvrez et prolongez la cuisson pendant 5 minutes.
Dans une autre poêle, faites fondre le reste du beurre sur feu vif et saisissez les rondelles de boudin pendant 5 minutes.
Répartissez le chou et la pomme dans un plat à gratin. Déposez par-dessus les rondelles de boudin dorées et recouvrez avec la pâte à crumble. Enfournez et laissez cuire pendant 25 minutes.
Servez chaud.

Temps de préparation : 15 minutes • Temps de cuisson : 25 minutes

POUR 4 PERSONNES

4 bananes
100 g de chocolat au lait
1 poignée d'amandes effilées
1 poignée de noisettes décortiquées
10 g de beurre demi-sel

Pour la pâte :

80 g de sucre semoule
70 g de farine fluide
30 g de farine de châtaigne
80 g de beurre ramolli

Crumble banana choc'amandes

Préchauffez le four à 180 °C (th. 6).
Préparez la pâte : coupez le beurre en petits morceaux. Dans une jatte, mélangez-le avec les farines et le sucre. Travaillez ce mélange du bout des doigts jusqu'à obtenir une pâte à la texture sableuse. Réservez.
Épluchez les bananes et coupez-les en rondelles de taille moyenne. Cassez le chocolat en carrés. Concassez les noisettes et mélangez-les avec les amandes.
Beurrez un moule à gratin et déposez les rondelles de banane. Recouvrez de carrés de chocolat et parsemez du mélange amandes-noisettes. Couvrez avec la pâte, enfournez et laissez cuire pendant 25 minutes.
Servez tiède.

Conseil : servez ce crumble accompagné d'une boule de glace à la vanille.

(<=> tartiflette

Temps de préparation : 35 minutes • Temps de cuisson : 25 minutes

Crumble des montagnes

POUR 4 PERSONNES

2 tranches épaisses de lard fumé
4 pommes de terre
1 oignon jaune
1/2 reblochon fermier
1 cube de bouillon de légumes
30 g de beurre
Sel, poivre, muscade

Pour la pâte :

3 biscottes briochées type « gourmande »
12 cerneaux de noix
30 g de beurre ramolli

Préparez la pâte : écrasez les biscottes à l'aide d'un pilon ou d'un rouleau à pâtisserie. Émiettez les cerneaux de noix. Coupez le beurre en petits morceaux. Dans une jatte, mélangez-le avec le reste des ingrédients. Travaillez ce mélange du bout des doigts jusqu'à obtenir une pâte à la texture granuleuse. Réservez.
Préchauffez le four à 180 °C (th. 6).
Épluchez les pommes de terre et détaillez-les en rondelles d'épaisseur moyenne.
Dans une casserole, diluez le cube de bouillon dans un grand volume d'eau bouillante. Plongez les pommes de terre et faites-les cuire pendant 20 minutes après la reprise de l'ébullition. Égouttez-les.
Pendant ce temps, ôtez la croûte du reblochon. Coupez-le en petits morceaux.
Épluchez l'oignon et émincez-le. Coupez le lard en fins bâtonnets.
Dans une poêle, faites fondre le beurre sur feu vif. Ajoutez le lard, les oignons et les pommes de terre. Faites dorer le tout pendant environ 7 minutes. Ajoutez éventuellement un peu d'eau si nécessaire.
Versez le contenu de la poêle dans un plat à gratin. Parsemez du fromage et recouvrez avec la pâte à crumble. Enfournez et laissez cuire pendant 25 minutes.
Servez chaud.

Crumbles

printemps

POUR 4 PERSONNES

300 g de fraises
1 barquette de framboises (environ 125 g)
3 bananes
1 sachet de sucre vanillé
20 g de beurre

Pour la pâte :

100 g de farine fluide
100 g de sucre semoule
80 g de beurre ramolli

Temps de préparation : 20 minutes • Temps de cuisson : 30 minutes

Crumble rose tendresse

Préchauffez le four à 180 °C (th. 6).
Préparez la pâte : coupez le beurre en petits morceaux. Dans une jatte, mélangez-le avec la farine et le sucre. Travaillez ce mélange du bout des doigts jusqu'à obtenir une pâte à la texture sableuse. Réservez au frais.
Lavez les fraises et enlevez les pédoncules. Coupez-les en deux ou en quatre selon leur taille. Épluchez les bananes et coupez-les en rondelles de taille moyenne.
Dans une poêle, faites fondre le beurre sur feu vif avec le sucre vanillé. Ajoutez les fraises et les bananes. Saisissez-les pendant 5 minutes puis retirez du feu.
Versez le contenu de la poêle dans un plat à gratin. Ajoutez les framboises et recouvrez de la pâte à crumble. Enfournez et laissez cuire pendant 30 minutes.
Servez tiède.

Conseil : dégustez ce crumble accompagné d'un coulis de framboise.

Variantes : vous pouvez ajouter 1 cuillerée à soupe de sirop de rose dans la poêle avant de verser le contenu dans le plat. Vous pouvez aussi réaliser une pâte différente en mélangeant 5 gros massepains (macarons aux amandes), 40 g de beurre et 2 cuillerées à soupe de sucre semoule.

POUR 4 PERSONNES

4 pêches blanches
4 abricots
300 g de compote de poire
1 sachet de sucre vanillé
20 g de beurre
1 sachet de caramel liquide tout prêt

Pour la pâte :

8 sablés bretons
1 cuillerée à soupe de sucre semoule
40 g de beurre ramolli

Temps de préparation : 20 minutes • Temps de cuisson : 20 minutes

Crumble pêche-poire-abricot

Préparez la pâte : coupez le beurre en petits morceaux. Émiettez les sablés. Dans une jatte, mélangez le beurre avec les miettes de gâteau et le sucre. Travaillez ce mélange du bout des doigts jusqu'à obtenir une pâte à la texture granuleuse. Réservez.
Préchauffez le four à 210 °C (th. 7).
Coupez les pêches et les abricots en deux. Enlevez les noyaux, épluchez les pêches. Recoupez chaque demi-pêche en trois morceaux.
Dans une grande poêle, faites fondre le beurre sur feu vif, ajoutez le sucre vanillé, les pêches et les abricots. Faites dorer pendant 6 minutes environ.
Nappez un plat à gratin de caramel, puis versez le contenu de la poêle. Recouvrez de la compote de poire. Recouvrez de pâte à crumble ; enfournez et laissez cuire pendant 20 minutes.
Servez tiède.

Temps de préparation : 20 minutes • Temps de cuisson : 25 minutes

Crumble poire-cerise

POUR 4 PERSONNES

3 poires type guyot
350 g de cerises type burlat
1 cuillerée à soupe de sucre semoule
2 pincées de cannelle
1 sachet de sucre vanillé
1 cuillerée à soupe de kirsch
20 g de beurre

Pour la pâte :

100 g de sucre semoule
100 g de farine fluide
4 pincées de cannelle
80 g de beurre ramolli

Préparez la pâte : coupez le beurre en petits morceaux. Dans une jatte, mélangez tous les ingrédients jusqu'à obtenir une pâte à la texture sableuse. Réservez.
Préchauffez le four à 210 °C (th. 7).
Coupez les poires en quatre. Épluchez-les et ôtez le cœur et les pépins. Recoupez les quartiers en dés.
Rincez les cerises, coupez-les en deux et dénoyautez-les. Déposez-les dans une jatte. Ajoutez le sucre semoule et le kirsch ; mélangez.
Dans une poêle, faites fondre le beurre sur feu vif et ajoutez les dés de poire, la cannelle et le sucre vanillé. Faites dorer pendant environ 5 minutes, puis couvrez et laissez cuire encore 5 minutes. Retirez du feu, incorporez les cerises et mélangez.
Versez le contenu de la poêle dans un petit plat à gratin et recouvrez de pâte à crumble. Enfournez et laissez cuire pendant 25 minutes.
Servez tiède.

Conseil : accompagnez ce crumble d'une crème anglaise vanillée bien froide.

Temps de préparation : 35 minutes • Temps de cuisson : 25 minutes

Crumble courgette et chèvre

POUR 4 PERSONNES

4 belles courgettes
400 g de chèvre type Petit Billy®
1 cuillerée à soupe de ciboulette ciselée
1 cuillerée à soupe de coriandre hachée
1 cuillerée à soupe de persil haché
7 cuillerées à soupe d'huile d'olive
Sel, poivre, muscade

Pour la pâte :

4 biscottes au blé complet type « petit grillé »
30 g de beurre ramolli

Préparez la pâte : écrasez les biscottes au pilon ou à l'aide d'un rouleau à pâtisserie. Coupez le beurre en petits morceaux. Dans une jatte, mélangez-le avec la chapelure. Travaillez ce mélange jusqu'à obtenir une pâte à la texture granuleuse. Réservez.
Préchauffez le four à 180 °C (th. 6).
Lavez les courgettes et épluchez-les en gardant une bande de peau sur deux. Coupez-les en dés.
Dans une jatte, écrasez le fromage avec 2 cuillerées à soupe d'huile, la ciboulette, la coriandre, le persil, du sel et 2 tours de moulin à poivre et à muscade.
Dans une grande poêle, faites chauffer l'huile restante sur feu vif et ajoutez les dés de courgette. Faites-les dorer 7 minutes. Ajoutez un peu d'eau, couvrez et poursuivez la cuisson 20 minutes, en remuant régulièrement.
Versez le contenu de la poêle dans un plat à gratin. Nappez du mélange au fromage avec le dos d'une cuillère à soupe et recouvrez avec la pâte à crumble. Enfournez et laissez cuire pendant 25 minutes.
Servez chaud.

Conseil : accompagnez ce crumble d'un coulis de poivron rouge. Vous pouvez varier les herbes selon vos goûts : menthe, basilic ou thym, par exemple.

POUR 4 PERSONNES

5 belles pommes type pink lady
300 g de compote de pomme
3 pincées de cannelle
1 sachet de sucre vanillé
30 g de beurre

Pour la pâte :

100 g de farine fluide
100 g de sucre semoule
5 pincées de cannelle
80 g de beurre ramolli

Temps de préparation : 20 minutes • Temps de cuisson : 30 minutes

Crumble pomme-cannelle

Préchauffez le four à 180 °C (th. 6).
Préparez la pâte : coupez le beurre en petits morceaux. Dans une jatte, mélangez-le avec la farine, la cannelle et le sucre. Travaillez ce mélange du bout des doigts jusqu'à obtenir une pâte à la texture sableuse. Réservez.
Coupez les pommes en quatre. Épluchez-les et enlevez le cœur et les pépins. Recoupez les quartiers en petits dés.
Dans une poêle, faites fondre le beurre sur feu vif et ajoutez le sucre vanillé et les dés de pomme. Saisissez-les pendant environ 6 minutes.
Dans un bol, mélangez la cannelle et la compote.
Versez le contenu de la poêle dans un plat à gratin. Déposez la compote et étalez-la avec le dos d'une cuillère à soupe. Recouvrez de la pâte à crumble, enfournez et laissez cuire pendant 30 minutes.
Servez tiède.

Variante : vous pouvez ajouter 1 cuillerée à soupe de calvados à la préparation et opter pour une pâte composée de 40 g de beurre, 10 petits-beurre et 1 cuillerée à soupe de sucre semoule.

Temps de préparation : 20 minutes • Temps de cuisson : 30 minutes

POUR 4 PERSONNES

5 poires
150 g de rhubarbe surgelée
2 cuillerées à soupe de sucre semoule
1 sachet de sucre vanillé
30 g de beurre

Pour la pâte :

100 g de farine fluide
100 g de sucre semoule
80 g de beurre ramolli

Crumble poire-rhubarbe

Préchauffez le four à 180 °C (th. 6).
Préparez la pâte : coupez le beurre en petits morceaux. Dans une jatte, mélangez-le avec la farine et le sucre. Travaillez ce mélange du bout des doigts jusqu'à obtenir une pâte à la texture sableuse. Réservez.
Dans une casserole, versez 15 centilitres d'eau et plongez-y la rhubarbe avec le sucre semoule. Portez à ébullition et laissez mijoter 5 minutes à partir des premiers bouillons. Retirez la casserole du feu et égouttez les morceaux de rhubarbe.
Coupez les poires en quatre. Épluchez-les et enlevez le cœur et les pépins ; recoupez les quartiers en dés.
Dans une poêle, faites fondre le beurre sur feu vif, ajoutez le sucre vanillé et les dés de poire. Faites-les cuire 5 minutes. Retirez du feu et ajoutez les morceaux de rhubarbe ; mélangez.
Versez le contenu de la poêle dans un plat à gratin. Recouvrez avec la pâte à crumble, enfournez et laissez cuire 30 minutes.
Servez tiède.

Variante : vous pouvez réaliser une pâte à crumble différente avec 125 g de beurre, 100 g de farine, 50 g de sucre semoule, 50 g de pistaches concassées non salées.

POUR 4 PERSONNES

5 belles pommes type golden
2 cuillerées à soupe de marmelade d'orange
1 sachet de sucre vanillé
20 g de beurre

Pour la pâte :

8 sablés bretons
2 cuillerées à soupe de sucre semoule
50 g de beurre ramolli

Temps de préparation : 15 minutes • Temps de cuisson : 20 minutes

Crumble breton à la marmelade d'orange

Préchauffez le four à 180 °C (th. 6).
Préparez la pâte : coupez le beurre en petits morceaux. Émiettez les sablés. Dans une jatte, mélangez le beurre avec les miettes de gâteau et le sucre. Travaillez ce mélange du bout des doigts jusqu'à obtenir une pâte à la texture sableuse. Réservez.
Coupez les pommes en quatre. Épluchez-les, enlevez le cœur et les pépins, et recoupez les quartiers en petits dés.
Dans une poêle, faites fondre le beurre sur feu vif, puis ajoutez le sucre vanillé et les dés de pomme. Saisissez-les pendant environ 6 minutes.
Versez le contenu de la poêle dans un plat à gratin. Ajoutez la marmelade et étalez-la avec le dos d'une cuillère à soupe. Recouvrez de la pâte à crumble, enfournez et laissez cuire pendant 20 minutes.
Servez tiède.

POUR 4 PERSONNES

1 kg d'endives
2 cuillerées à soupe de miel
4 cuillerées à soupe de crème liquide demi-écrémée
1 cuillerée à soupe de vinaigre balsamique
40 g de beurre

Pour la pâte :

10 cerneaux de noix
4 biscottes type « petit grillé » au froment
30 g de beurre ramolli

Temps de préparation : 25 minutes • Temps de cuisson : 25 minutes

Crumble d'endives

Préparez la pâte : écrasez les biscottes au pilon ou à l'aide d'un rouleau à pâtisserie. Coupez le beurre en petits morceaux. Émiettez les cerneaux de noix. Dans une jatte, mélangez tous les ingrédients. Travaillez ce mélange du bout des doigts jusqu'à obtenir une pâte à la texture granuleuse. Réservez.
Préchauffez le four à 180 °C (th. 6).
Lavez les endives, puis ôtez la base et les feuilles les plus abîmées. Faites cuire à la vapeur en autocuiseur pendant 12 minutes à compter du premier sifflement de la soupape.
Dans une cocotte, faite fondre le beurre sur feu vif et ajoutez le vinaigre et le miel. Déposez les endives et faites-les dorer sur chaque face. Retirez-les du feu et découpez-les en rondelles.
Déposez les rondelles d'endive dans un plat à gratin. Arrosez de crème liquide et répartissez la pâte à crumble. Enfournez et laissez cuire pendant 25 minutes.
Servez aussitôt.

Temps de préparation : 20 minutes • Temps de cuisson : 30 minutes

Crumble tout simple aux pommes

POUR 4 PERSONNES

5 pommes
300 g de compote de pomme
2 bâtons de cannelle
1 sachet de sucre vanillé
20 g de beurre

Pour la pâte :

100 g de sucre semoule
100 g de farine fluide
80 g de beurre ramolli

Préchauffez le four à 180 °C (th. 6).
Préparez la pâte : coupez le beurre en petits morceaux. Dans une jatte, mélangez-le avec la farine et le sucre. Travaillez ce mélange du bout des doigts jusqu'à obtenir une pâte à la texture sableuse. Réservez au frais.
Coupez les pommes en quatre. Enlevez le cœur et les pépins, épluchez les quartiers et coupez-les en dés.
Dans une poêle, faites fondre les 20 grammes de beurre sur feu vif, ajoutez le sucre vanillé, les bâtons de cannelle et les dés de pomme. Faites dorer pendant 5 minutes puis couvrez et laissez cuire 5 minutes.
Versez le contenu de la poêle dans un plat à gratin, ajoutez la compote de pomme par-dessus et étalez-la avec le dos d'une cuillère à soupe. Recouvrez de la pâte à crumble, enfournez et laissez cuire pendant 30 minutes.
Servez tiède.

Variante : vous pouvez réaliser ce crumble avec une pâte différente, composée de 40 g de beurre, 80 g de noix de coco, 2 cuillerées à soupe de miel et 2 cuillerées à soupe de sucre semoule.

POUR 4 PERSONNES

4 belles courgettes
1 échalote
300 g de mimolette
2 pincées de curry doux
3 pincées de curcuma
6 cuillerées à soupe d'huile d'olive
Sel, poivre

Pour la pâte :

4 biscottes briochées type « petit grillé »
80 g de beurre ramolli

Temps de préparation : 30 minutes • Temps de cuisson : 25 minutes

Crumble courgette-mimolette

Préparez la pâte : émiettez les biscottes. Coupez le beurre en petits morceaux. Dans une jatte, mélangez le beurre avec la chapelure. Travaillez ce mélange du bout des doigts pour obtenir une pâte à la texture granuleuse. Réservez.

Préchauffez le four à 180 °C (th. 6).

Lavez les courgettes et épluchez-les en gardant une bande de peau sur deux. Détaillez-les en rondelles de taille moyenne.

Coupez la mimolette en fines tranches. Épluchez l'échalote et émincez-la.

Dans une poêle, faites chauffer l'huile sur feu vif et saisissez les courgettes avec l'échalote. Faites-les mijoter pendant 9 minutes. Ajoutez éventuellement un peu d'eau en cours de cuisson pour éviter que les légumes n'attachent. Salez et donnez 2 tours de moulin à poivre. Saupoudrez de curry et de curcuma puis mélangez.

Versez le contenu de la poêle dans un plat à gratin. Répartissez les tranches de mimolette sur les courgettes. Recouvrez avec la pâte à crumble, enfournez et laissez cuire pendant 25 minutes.

Servez chaud.

Temps de préparation : 20 minutes • Temps de cuisson : 20 minutes

Crumble pomme-poire-banane aux noix de pécan

POUR 4 PERSONNES

2 pommes type pink lady
2 poires type william
2 bananes
1 bâton de cannelle
1 sachet de sucre vanillé
20 g de beurre

Pour la pâte :

100 g de farine fluide
100 g de sucre roux
60 g de noix de pécan
100 g de beurre ramolli

Préparez la pâte : coupez le beurre en petits morceaux. Hachez les noix de pécan avec un couteau. Dans une jatte, mélangez les ingrédients et travaillez le mélange du bout des doigts jusqu'à obtenir une pâte à la texture granuleuse.
Préchauffez le four à 210 °C (th. 7).
Coupez les pommes et les poires en quatre. Retirez les cœurs et les pépins et épluchez les fruits. Recoupez-les en petits dés.
Épluchez les bananes et détaillez-les en rondelles.
Dans une poêle, faites fondre le beurre sur feu vif, puis ajoutez le sucre vanillé, les pommes, les poires et le bâton de cannelle. Faites dorer pendant 6 minutes puis couvrez et poursuivez la cuisson pendant 10 minutes. Ajoutez éventuellement un peu d'eau en cours de cuisson pour éviter que les fruits n'attachent. Retirez le bâton de cannelle et ajoutez les rondelles de banane. Mélangez.
Versez le contenu de la poêle dans un plat à gratin et recouvrez de la pâte à crumble. Enfournez et laissez cuire pendant 20 minutes.

Conseil : servez ce crumble accompagné d'une glace à la framboise ou à la groseille.

Variantes : réalisez un crumble légèrement différent avec 4 pommes, 3 poires, 30 g de beurre, 1 sachet de sucre vanillé et 1 sachet de caramel liquide. Vous pouvez aussi préparer une autre pâte en mélangeant 25 g de beurre et 8 palmiers émiettés.

POUR 4 PERSONNES

8 belles carottes
2 cuillerées à soupe de jus d'orange
20 cl de crème de soja (au rayon diététique)
1 cuillerée à soupe de jus de citron
30 g de beurre
Sel, poivre, muscade

Pour la pâte :

4 biscottes briochées aux raisins
1 cuillerée à soupe de persil haché
40 g de beurre ramolli

Temps de préparation : 25 minutes • Temps de cuisson : 25 minutes

Crumble de carottes à l'orange

Préparez la pâte : écrasez les biscottes au pilon ou à l'aide d'un rouleau à pâtisserie. Coupez le beurre en petits morceaux. Dans une jatte, mélangez tous les ingrédients jusqu'à obtenir une pâte à la texture sableuse. Réservez.
Préchauffez le four à 180 °C (th. 6).
Épluchez les carottes et coupez-les en fins bâtonnets.
Dans une poêle, faites fondre le beurre sur feu vif et ajoutez les carottes en bâtonnets. Faites-les dorer environ 6 minutes, puis ajoutez le jus d'orange. Couvrez et laissez cuire 10 minutes. En fin de cuisson, ajoutez la crème de soja et le jus de citron, puis mélangez.
Versez le contenu de la poêle dans un plat à gratin. Recouvrez avec la pâte à crumble, enfournez et laissez cuire 25 minutes.
Servez tiède.

Conseil : la crème de soja fera illusion. Vous retrouverez le goût de la crème sans l'apport de la graisse animale.

Temps de préparation : 25 minutes • Temps de cuisson : 25 minutes

Crumble aux tomates

POUR 4 PERSONNES

10 tomates grappe
1 cuillerée à soupe d'origan frais
3 cuillerées à soupe d'huile d'olive
Sel, poivre

Pour la pâte :

50 g de mimolette vieille
3 biscottes au froment type « petit grillé »
30 g de beurre ramolli

Préparez la pâte : écrasez les biscottes au pilon ou à l'aide d'un rouleau à pâtisserie. Coupez la mimolette et le beurre en petits morceaux. Dans une jatte, mélangez tous les ingrédients jusqu'à obtenir une pâte à la texture granuleuse. Réservez.
Préchauffez le four à 180 °C (th. 6).
Lavez les tomates et enlevez les pédoncules. Coupez-les en quatre et laissez-les égoutter pour éliminer l'excès de jus. Détaillez les quartiers en dés.
Dans une poêle, faites chauffer l'huile sur feu vif et ajoutez les dés de tomate. Saisissez-les pendant 5 minutes, puis versez un peu d'eau et prolongez la cuisson 15 minutes. Ajoutez encore un peu d'eau si besoin.
Versez le contenu de la poêle dans un plat à gratin. Parsemez d'origan et recouvrez de la pâte à crumble. Enfournez et laissez cuire pendant 25 minutes.
Servez chaud.

Temps de préparation : 30 minutes • Temps de cuisson : 25 minutes

Crumble tomato-bœuf

POUR 4 PERSONNES

600 g de viande de bœuf hachée
1 oignon jaune
1 échalote
1/2 gousse d'ail
6 cuillerées à soupe de caviar de tomate (soit un pot d'environ 200 g)
4 cuillerées à soupe d'huile d'olive
Sel, poivre

Pour la pâte :

80 g de couscous moyen
1 cuillerée à soupe d'huile d'olive
10 g de beurre
Sel, poivre

Portez 5 cuillerées à soupe d'eau à ébullition.
Préparez la pâte : dans une jatte, versez l'eau bouillante et mélangez-la avec la semoule, le beurre et l'huile. Salez et donnez 1 tour de moulin à poivre. Couvrez pour laisser la semoule gonfler. Réservez.
Préchauffez le four à 180 °C (th. 6).
Épluchez l'oignon et l'échalote. Émincez-les finement. Dégermez l'ail et réduisez-le en purée à l'aide d'un presse-ail.
Dans une poêle, faites chauffer l'huile sur feu vif et ajoutez l'oignon et l'échalote émincés. Faites-les dorer 3 minutes. Ajoutez la viande et l'ail. Salez et donnez 2 tours de moulin à poivre. Laissez mijoter pendant 12 minutes.
Versez la préparation de viande hachée dans le fond d'un plat à gratin. Couvrez avec le caviar de tomate. Égrainez la semoule avec une fourchette et recouvrez-en le plat. Enfournez et laissez cuire pendant 25 minutes.
Servez chaud.

POUR 4 PERSONNES

300 g de cerises type burlat
3 brugnons
1 cuillerée à soupe de semoule fine
3 cuillerées à soupe de sucre semoule
2 cuillerées à soupe de marc de Bourgogne
20 g de beurre

Pour la pâte :

100 g de sucre semoule
100 g de farine fluide
80 g de beurre ramolli

Temps de préparation : 20 minutes • Temps de cuisson : 30 minutes

Crumble de cerises aux brugnons

Préchauffez le four à 180 °C (th. 6).
Préparez la pâte : coupez le beurre en petits morceaux. Dans une jatte, mélangez-le au sucre et à la farine du bout des doigts jusqu'à obtenir une pâte à la texture sableuse. Réservez.
Lavez les brugnons et coupez-les en deux. Enlevez le noyau, épluchez-les et coupez-les demi-brugnons en lamelles de taille moyenne.
Dénoyautez les cerises et déposez-les dans une jatte. Ajoutez le marc et 2 cuillerées à soupe de sucre semoule. Mélangez.
Dans une poêle, faites fondre le beurre sur feu vif, ajoutez le reste de sucre et les lamelles de brugnon. Faites dorer 5 minutes.
Saupoudrez un plat à gratin de semoule fine. Versez le contenu de la poêle, déposez par-dessus les cerises et étalez-les avec le dos d'une cuillère à soupe. Recouvrez de la pâte à crumble, enfournez et laissez cuire pendant 30 minutes.
Servez tiède

Conseil : la semoule fine absorbera un peu l'excès de jus des fruits rouges et évitera que la pâte soit trop mouillée.

Variante : vous pouvez réaliser ce crumble avec une pâte différente, composée de 30 g de beurre, 10 boudoirs et 1 cuillerée à soupe de sucre cristallisé.

Temps de préparation : 20 minutes • Temps de cuisson : 30 minutes

Crumble pomme-poire à la vanille

POUR 4 PERSONNES

4 pommes golden
3 poires williams
1 sachet de sucre vanillé
1 sachet de caramel liquide
30 g de beurre

Pour la pâte :

100 g de farine fluide
100 g de sucre semoule
80 g de beurre ramolli

Préchauffez le four à 180 °C (th. 6).
Préparez la pâte : coupez le beurre en petits morceaux. Dans une jatte, mélangez-le avec la farine et le sucre. Travaillez ce mélange du bout des doigts jusqu'à obtenir une pâte à la texture sableuse. Réservez.
Coupez les pommes et les poires en quatre. Épluchez-les et retirez le cœur et les pépins. Recoupez-les en dés.
Dans une poêle, faites fondre le beurre sur feu vif, ajoutez le sucre vanillé et les dés de fruits ; faites dorer pendant 5 minutes.
Versez le caramel liquide au fond d'un plat à gratin. Déposez le contenu de la poêle et recouvrez de la pâte à crumble. Enfournez et laissez cuire pendant 30 minutes.
Servez tiède.

Variante : vous pouvez réaliser ce crumble avec une pâte au nougat, réalisée en mélangeant 60 g de nougat tendre, 60 g de pignons, 30 g de sucre semoule, 100 g de farine et 80 g de beurre ramolli. Dans cette version, le caramel et le sucre vanillé ne sont pas nécessaires.

POUR 4 PERSONNES

300 g de petits pois écossés
2 oignons blancs frais
1 laitue
1/2 cuillerée à café de safran
3 pincées de curcuma
20 cl de crème liquide demi-écrémée
30 g de beurre
Sel, poivre

Pour la pâte :

1 cuillerée à café de basilic haché
4 biscottes briochées
40 g de beurre ramolli

Temps de préparation : 30 minutes • Temps de cuisson : 25 minutes

Crumble aux petits pois safranés

Préparez la pâte : écrasez les biscottes au pilon ou à l'aide d'un rouleau à pâtisserie. Coupez le beurre en petits morceaux. Dans une jatte, mélangez-le avec les autres ingrédients. Travaillez ce mélange jusqu'à obtenir une pâte à la texture granuleuse. Réservez.
Préchauffez le four à 180 °C (th. 6).
Préparez la laitue : retirez les côtes les plus grosses, coupez les feuilles les plus grosses en deux ou trois, puis émincez-les finement.
Épluchez les oignons et émincez-les finement.
Portez un grand volume d'eau salée à ébullition. Plongez-y les petits pois et laissez-les cuire pendant 20 minutes après la reprise de l'ébullition.
Dans un bol, mélangez la crème au safran et au curcuma. Salez et donnez 2 tours de moulin à poivre.
Dans une grande poêle, faites fondre le beurre sur feu vif. Faites dorer les oignons, puis ajoutez la laitue. Faites-la réduire pendant environ 6 minutes. Ajoutez les petits pois et laissez mijoter pendant environ 6 minutes.
Versez le contenu de la poêle dans un plat à gratin. Recouvrez de la crème au safran et au curcuma, puis de la pâte à crumble. Enfournez et laissez cuire pendant 25 minutes.
Servez chaud.

POUR 4 PERSONNES

2 tranches de lard fumé
350 g de petits pois écossés
2 poignées de haricots verts
1 carotte
2 oignons blancs frais
1 cuillerée à soupe de ciboulette ciselée
1 cube de bouillon de légumes
10 cl de crème de soja (au rayon diététique)
40 g de beurre
Sel, poivre

Pour la pâte :

4 biscottes type « petit grillé » au froment
30 g de beurre ramolli

Temps de préparation : 35 minutes • Temps de cuisson : 25 minutes

Crumble aux petits légumes

Préparez la pâte : écrasez les biscottes au pilon ou à l'aide d'un rouleau à pâtisserie. Coupez le beurre en petits morceaux. Mélangez tous les ingrédients jusqu'à obtenir une pâte à la texture granuleuse. Réservez.
Préchauffez le four à 180 °C (th. 6).
Coupez les tranches de lard en bâtonnets. Écossez les haricots et coupez-les en bâtonnets. Épluchez la carotte et coupez-la en dés. Épluchez les oignons et coupez-les en quatre.
Faites bouillir une grande quantité d'eau salée et diluez le cube de bouillon. Déposez les petits pois, les haricots verts, les carottes et les oignons. Faites-les cuire 20 minutes à partir de la reprise de l'ébullition. Retirez du feu et égouttez.
Dans une grande poêle, faites fondre le beurre sur feu vif et ajoutez tous les légumes et le lard. Faites-les dorer pendant environ 5 minutes.
Dans un bol, mélangez la crème de soja à la ciboulette. Salez et donnez 2 tours de moulin à poivre.
Versez le contenu de la poêle dans un plat à gratin. Nappez avec le contenu du bol, puis recouvrez de la pâte à crumble. Enfournez et laissez cuire pendant 25 minutes.
Servez chaud.

Temps de préparation : 20 minutes • Temps de cuisson : 25 minutes

Crumble aux asperges vertes

POUR 4 PERSONNES

500 g d'asperges vertes
2 cuillerées à soupe de ciboulette hachée
1 cuillerée à soupe de jus de citron
2 cuillerées à soupe de crème épaisse
40 g de beurre
Sel, poivre

Pour la pâte :

4 biscottes type « petit grillé » au froment
2 cuillérées à soupe de parmesan râpé
30 g de beurre

Préparez la pâte : écrasez les biscottes au pilon ou à l'aide d'un rouleau à pâtisserie. Coupez le beurre en petits morceaux. Dans une jatte, mélangez tous les ingrédients jusqu'à obtenir une pâte à la texture sableuse. Réservez.
Préchauffez le four à 180 °C (th. 6).
Préparez les asperges : faites-les cuire 20 minutes dans un grand volume d'eau salée. Retirez-les du feu et égouttez-les. Coupez-les en deux ou en trois selon leur taille et enlevez la base, un peu plus dure.
Dans une poêle, faites fondre le beurre sur feu vif et saisissez les asperges 5 minutes. Versez le jus de citron et prolongez la cuisson 3 minutes, puis ajoutez la crème et la ciboulette. Retirez du feu. Salez et donnez 2 tours de moulin à poivre. Mélangez doucement.
Déposez les asperges dans un plat à gratin. Recouvrez de la pâte à crumble. Enfournez et laissez cuire pendant 25 minutes.
Servez chaud.

Temps de préparation : 20 minutes • Temps de cuisson : 25 minutes

Crumble fraise-rhubarbe

POUR 4 PERSONNES

1 belle pomme royal gala
250 g de fraises
150 g de rhubarbe surgelée
100 g de compote de pomme
2 cuillerées à soupe de sucre semoule
1/2 sachet de sucre vanillé
20 g de beurre + un peu pour le moule

Pour la pâte :

100 g de farine fluide
100 g de sucre semoule
80 g de beurre ramolli

Préparez la pâte : coupez le beurre en petits morceaux. Dans une jatte, mélangez-le avec la farine et le sucre. Travaillez ce mélange du bout des doigts jusqu'à obtenir une pâte à la texture sableuse. Réservez.
Préchauffez le four à 180 °C (th.6).
Coupez la pomme en quatre. Enlevez le cœur et les pépins, épluchez les quartiers et coupez-les en petits dés.
Dans une poêle, faites fondre sur feu vif le beurre mélangé au sucre vanillé. Ajoutez les dés de pomme et comptez environ 6 minutes de cuisson.
Lavez les fraises et ôtez les pédoncules. Coupez-les en deux ou en quatre, selon leur taille.
Dans une casserole, versez 15 centilitres d'eau et plongez-y la rhubarbe et le sucre semoule. Portez à ébullition et laissez mijoter 5 minutes à partir des premiers bouillons. Retirez la casserole du feu et égouttez les morceaux de rhubarbe.
Graissez un moule à gratin avec une noix de beurre. Déposez au fond les morceaux de fraise, ajoutez la rhubarbe et couvrez avec les dés de pomme puis la compote. Recouvrez avec la pâte à crumble, enfournez et laissez cuire pendant 25 minutes.
Servez tiède.

Variante : vous pouvez réaliser une pâte différente en mélangeant 100 g de farine, 50 g de pistaches concassées non salées, 50 g de sucre semoule et 125 g de beurre.

Crumbles

été

POUR 4 PERSONNES

7 belles tomates
2 boules de mozzarella
2 cuillerées à soupe de basilic haché
5 cuillerées à soupe d'huile d'olive
Sel, poivre, muscade

Pour la pâte :

50 g de parmesan râpé
2 biscottes briochées type « gourmande »
50 g de pignons
2 cuillerées à soupe d'huile d'olive

Temps de préparation : 15 minutes • Temps de cuisson : 25 minutes

Crumble à l'italienne

Préchauffez le four à 180 °C (th. 6).
Préparez la pâte : émiettez les biscottes finement. Déposez-les dans un grand bol. Ajoutez les pignons, l'huile d'olive et le parmesan. Mélangez à la cuillère. Réservez.
Coupez la mozzarella en tranches fines.
Lavez les tomates et retirez le pédoncule ; coupez-les en tranches.
Dans une poêle, faites chauffer l'huile d'olive sur feu vif et ajoutez les tranches de tomate. Saisissez-les pendant environ 5 minutes. Salez, donnez 2 tours de moulin à poivre et à muscade et mélangez.
Versez le contenu de la poêle dans un moule à gratin. Parsemez de la moitié du basilic. Recouvrez des tranches de mozzarella et parsemez du reste de basilic, puis couvrez avec la pâte à crumble.
Enfournez et laissez cuire pendant 25 minutes.
Servez bien chaud afin que le fromage reste fondant.

POUR 4 PERSONNES

4 pommes type golden
1 poire type williams
10 quetsches
1 sachet de sucre vanillé
20 g de beurre

Pour la pâte :

100 g de farine fluide
100 g de sucre semoule
80 g de beurre

Temps de préparation : 20 minutes • Temps de cuisson : 30 minutes

Crumble pommes et quetsches

Préchauffez le four à 180 °C (th. 6).
Préparez la pâte : coupez le beurre en petits morceaux. Dans une jatte, mélangez-le avec la farine et le sucre. Travaillez ce mélange du bout des doigts jusqu'à obtenir une pâte à la texture sableuse. Réservez.
Lavez les quetsches, coupez-les en deux et enlevez le noyau.
Coupez les pommes et la poire en quatre. Épluchez-les, enlevez les cœurs et les pépins et recoupez les quartiers en petits dés.
Dans une poêle, faites fondre le beurre sur feu vif et ajoutez le sachet de sucre vanillé. Saisissez les prunes, les pommes et les poires pendant environ 8 minutes. Retirez du feu.
Versez le contenu de la poêle dans un plat à gratin. Recouvrez de pâte à crumble, enfournez et laissez cuire pendant 30 minutes.
Servez tiède.

Temps de préparation : 20 minutes • Temps de cuisson : 20 minutes

POUR 4 PERSONNES

15 figues violettes
20 g de beurre

Pour la pâte :

4 tranches de pain d'épice
1 cuillerée à soupe de sucre roux
30 g de beurre ramolli

Crumble figues et pain d'épice

Préchauffez le four à 180 °C (th. 6).
Préparez la pâte : coupez le beurre en petits morceaux. Retirez la croûte du pain d'épice et émiettez-le. Dans une jatte, mélangez le beurre avec les miettes de pain d'épice et le sucre. Travaillez ce mélange du bout des doigts jusqu'à obtenir une pâte à la texture granuleuse. Réservez.
Lavez les figues. Enlevez la queue et coupez-les en quatre.
Dans une poêle, faites fondre le beurre sur feu vif et ajoutez les quartiers de figue. Saisissez-les pendant environ 5 minutes.
Versez le contenu de la poêle dans un petit plat à gratin.
Recouvrez de pâte à crumble, enfournez et laissez cuire pendant 20 minutes.
Servez tiède.

Conseil : un pain d'épice un peu rassis sera encore plus facile à travailler.

Variante : vous pouvez également réaliser la pâte en mélangeant 80 g de beurre, 100 g de farine fluide et 100 g de sucre semoule.

Temps de préparation : 30 minutes • Temps de cuisson : 25 minutes

Crumble aux légumes confits

POUR 4 PERSONNES

2 courgettes de taille moyenne
2 belles tomates
1 poivron rouge
1 belle aubergine
1 oignon jaune
1 gousse d'ail
8 cuillerées à soupe d'huile d'olive
Sel, poivre

Pour la béchamel (épaisse) :

1 cuillerée à soupe de concentré de tomate
2 cuillerées à soupe de farine fluide
50 cl de lait demi-écrémé
2 cuillerées à soupe de crème épaisse
40 g de beurre
Sel, poivre, muscade

Pour la pâte :

4 biscottes briochées type « gourmande »
1 cuillerée à café d'huile d'olive
25 g de beurre ramolli

Préparez la pâte : coupez le beurre en petits morceaux. Dans une jatte, mélangez-le avec le reste des ingrédients. Salez et donnez 1 tour de moulin à poivre. Travaillez ce mélange du bout des doigts jusqu'à obtenir une pâte à la texture sableuse. Réservez.
Préchauffez le four à 180 °C (th. 6).
Lavez les courgettes et épluchez-les en gardant une bande de peau sur deux. Coupez-les en fines lamelles à l'aide d'un économe. Lavez le poivron, coupez-le en deux, retirez le cœur et les pépins puis coupez-le en fines lamelles. Lavez les tomates, enlevez le pédoncule et coupez-les en tranches. Lavez l'aubergine et retirez la queue. Coupez-la en fines tranches.
Épluchez l'ail et l'oignon. Émincez finement l'oignon.
Versez l'huile dans une cocotte. Déposez tous les légumes, sauf les tomates. Faites mijoter pendant environ 10 minutes puis ajoutez les tomates. Poursuivez la cuisson pendant 7 minutes.
Préparez la béchamel : dans une casserole, faites fondre le beurre sur feu vif. Versez la farine et diluez avec un peu de lait. Formez une pâte homogène en fouettant et incorporez peu à peu le lait. Salez, donnez 2 tours de moulin à poivre et à muscade. Ajoutez ensuite la crème et le concentré de tomate et mélangez. Laissez mijoter 1 minute, puis retirez du feu.
Déposez les légumes dans un plat à gratin. Recouvrez de 8 cuillerées à soupe de béchamel, puis saupoudrez de la pâte à crumble. Enfournez et laissez cuire 25 minutes.
Servez chaud.

POUR 4 PERSONNES

3 pêches blanches
300 g de cerises type burlat
1 poignée de griottes
1 cuillerée à soupe de semoule fine
2 sachets de sucre vanillé
20 g de beurre

Pour la pâte :

80 g de noix de coco râpée
2 cuillerées à soupe de miel liquide
2 cuillerées à soupe de sucre semoule
40 g de beurre ramolli

Temps de préparation : 20 minutes • Temps de cuisson : 30 minutes

Crumble cerises-griottes à la coco

Préchauffez le four à 180 °C (th. 6).
Préparez la pâte : coupez le beurre en petits dés. Dans une jatte, mélangez tous les ingrédients jusqu'à obtenir une pâte à la texture granuleuse. Réservez.
Coupez les pêches en quatre. Épluchez-les et enlevez les noyaux. Recoupez les quartiers en petits dés.
Dénoyautez les cerises et les griottes et déposez-les dans une jatte. Ajoutez 1 sachet de sucre vanillé et mélangez.
Dans une poêle, faites fondre le beurre sur feu vif avec le second sachet de sucre vanillé et ajoutez les dés de pêche. Faites dorer pendant environ 6 minutes.
Saupoudrez le fond d'un plat à gratin avec la semoule. Versez les fruits de la poêle puis les cerises et les griottes et étalez un peu. Recouvrez de pâte à crumble, enfournez et laissez cuire pendant 30 minutes.
Servez tiède.

Conseil : En hiver, vous pouvez utiliser des cerises dénoyautées au sirop. Égouttez-les soigneusement avant de les utiliser. La semoule fine absorbera un peu l'excès de jus des fruits rouges et évitera que la pâte soit trop mouillée.

Temps de préparation : 30 minutes • Temps de cuisson : 25 minutes

POUR 4 PERSONNES

600 g de filet de poisson blanc
500 g de tomates cerises
1/2 poivron rouge
1 cuillerée à soupe de persil haché
1 cube de bouillon aux herbes
4 cuillerées à soupe d'huile d'olive
Sel, poivre

Pour la pâte :

3 biscottes au blé complet
type « petit grillé »
1 cuillerée à soupe de parmesan râpé
3 cuillerées à soupe d'huile d'olive

Crumble poisson tomates-poivrons

Préparez la pâte : émiettez les biscottes en les écrasant à l'aide d'un pilon ou d'un rouleau à pâtisserie. Dans une jatte, mélangez l'huile, la chapelure et le parmesan jusqu'à obtenir une pâte à la texture granuleuse. Réservez. Préchauffez le four à 180 °C (th. 6).
Lavez les tomates et retirez le pédoncule. Coupez-les en deux et mettez-les à égoutter pour évacuer l'excédent de jus.
Préparez et coupez le poivron en petits dés.
Faites bouillir un grand volume d'eau dans une casserole et diluez le bouillon aux herbes. Plongez-y le filet de poisson et faites-le pocher pendant 10 minutes. Retirez la casserole du feu et égouttez le poisson.
Dans une poêle, faites chauffer 3 cuillerées à soupe d'huile d'olive sur feu vif et ajoutez les demi-tomates et les dés de poivron. Saisissez-les pendant 7 minutes environ. Ajoutez éventuellement un peu d'eau en cours de cuisson pour éviter que les légumes n'attachent.
Versez le contenu de la poêle dans un plat à gratin avec la cuillerée d'huile d'olive restante. Déposez le filet de poisson, salez et donnez 2 tours de moulin à poivre. Parsemez du persil et recouvrez avec la pâte à crumble ; enfournez et laissez cuire pendant 25 minutes.
Servez chaud.

Conseil : servez avec un coulis de tomate éventuellement agrémenté d'1 pincée de piment ou d'1 cuillerée à café de crème liquide ou de crème de soja.

POUR 4 PERSONNES

10 figues violettes
100 g de mûres
100 g de myrtilles
1 sachet de sucre vanillé
4 cuillerées à soupe de sucre cristallisé
1 cuillerée à soupe de semoule fine
20 g de beurre

Pour la pâte :

100 g de farine fluide
100 g de sucre semoule
80 g de beurre ramolli

Temps de préparation : 20 minutes • Temps de cuisson : 30 minutes

Crumble purple chic

Préchauffez le four à 180 °C (th. 6).
Préparez la pâte : coupez le beurre en petits morceaux. Dans une jatte, mélangez-le avec la farine et le sucre. Travaillez ce mélange du bout des doigts jusqu'à obtenir une pâte à la texture sableuse. Réservez.
Lavez les figues, enlevez la queue et coupez-les en quatre.
Dans une jatte, mélangez le sucre cristallisé avec les mûres et les myrtilles.
Dans une poêle, faites fondre le beurre sur feu vif et ajoutez le sucre vanillé. Saisissez les quartiers de figue pendant 4 minutes.
Déposez la semoule au fond d'un plat à gratin. Versez le contenu de la poêle et ajoutez le contenu de la jatte. Recouvrez de la pâte à crumble, enfournez et laissez cuire pendant 30 minutes.
Servez tiède.

Conseil : la semoule fine absorbera un peu l'excès de jus des fruits rouges et évitera que la pâte soit trop mouillée. Accompagnez ce crumble d'une glace aux calissons ou au nougat.

POUR 4 PERSONNES

4 belles pommes type pink lady
10 abricots
5 abricots secs
2 gouttes de fleur d'oranger
200 g de compote de pomme
1 sachet de sucre vanillé
30 g de beurre demi-sel

Pour la pâte :

100 g de farine fluide
100 de sucre semoule
40 g de beurre demi-sel ramolli
40 g de beurre ramolli

Temps de préparation : 20 minutes • Temps de cuisson : 30 minutes

Crumble pomme-abricot

Préparez la pâte : coupez les deux beurres en petits morceaux. Dans une jatte, mélangez-les avec la farine et le sucre. Travaillez ce mélange du bout des doigts jusqu'à obtenir une pâte à la texture sableuse. Réservez.
Préchauffez le four à 180 °C (th. 6).
Coupez les abricots secs en petits morceaux. Déposez-les dans un bol, ajoutez 5 centilitres d'eau et la fleur d'oranger. Laissez gonfler environ 10 minutes. Égouttez-les.
Lavez les abricots. Coupez-les en deux et enlevez les noyaux.
Coupez les pommes en quatre. Épluchez-les et enlevez le cœur et les pépins ; recoupez les quartiers en dés.
Dans une poêle, faites fondre 15 grammes de beurre demi-sel sur feu vif, ajoutez le sucre vanillé et les dés de pomme. Faites cuire pendant 7 minutes.
Dans une seconde poêle, faites fondre le reste du beurre demi-sel sur feu vif et saisissez les abricots pendant 5 minutes puis mélangez-les aux abricots secs.
Versez les pommes dans le fond d'un plat à gratin. Couvrez avec la compote et étalez avec une cuillère à soupe. Parsemez des abricots puis recouvrez de pâte à crumble. Enfournez et laissez cuire pendant 30 minutes.
Servez tiède.

Temps de préparation : 20 minutes • Temps de cuisson : 30 minutes

Crumble pêche-groseille

POUR 4 PERSONNES

3 pêches jaunes
3 pêches blanches
1 cuillerée à soupe de gelée de groseille
1 cuillerée à soupe de semoule fine
20 g de beurre

Pour la pâte :

100 g de farine fluide
100 g de sucre semoule
80 g de beurre ramolli

Préchauffez le four à 180 °C (th. 6).
Préparez la pâte : coupez le beurre en petits morceaux. Dans une jatte, mélangez-le avec la farine et le sucre. Travaillez ce mélange du bout des doigts jusqu'à obtenir une pâte à la texture sableuse. Réservez.
Coupez les pêches en quatre. Épluchez-les et enlevez les noyaux. Recoupez les quartiers en petits dés.
Dans une poêle, faites fondre le beurre sur feu vif. Ajoutez les dés de pêche et faites-les revenir pendant environ 6 minutes.
Saupoudrez le fond d'un plat à gratin de semoule fine. Répartissez le contenu de la poêle, puis ajoutez la gelée de groseille et étalez-la avec le dos d'une cuillère à soupe. Recouvrez de la pâte à crumble ; enfournez et laissez cuire 30 minutes.
Servez tiède.

Conseil : la semoule fine absorbera un peu l'excès de jus des fruits rouges et évitera que la pâte soit trop mouillée.

POUR 4 PERSONNES

10 abricots de belle taille
3 pêches jaunes
4 pincées de gingembre en poudre
3 cuillerées à soupe de sucre semoule
20 g de beurre

Pour la pâte :

6 petits-beurre
100 g de farine fluide
100 g de sucre semoule
80 g de beurre ramolli

Temps de préparation : 20 minutes • Temps de cuisson : 30 minutes

Crumble abricot-gingembre

Préchauffez le four à 180 °C (th. 6).
Préparez la pâte : émiettez les petits-beurre. Dans une jatte, coupez le beurre en petits morceaux. Ajoutez le sucre, la farine et les brisures de biscuit. Travaillez ce mélange du bout des doigts jusqu'à obtenir une pâte à la texture granuleuse. Réservez.
Lavez les abricots, coupez-les en deux et enlevez les noyaux.
Coupez les pêches en quatre. Épluchez-les et enlevez les noyaux.
Recoupez les quartiers en lamelles de taille moyenne.
Dans une poêle, faites fondre le beurre sur feu vif. Ajoutez les fruits, le sucre et le gingembre, puis faites revenir le tout pendant environ 6 minutes.
Versez le contenu de la poêle dans un plat à gratin. Recouvrez de la pâte à crumble, enfournez et laissez cuire pendant 30 minutes.
Servez tiède.

Conseil : hors saison, optez pour des abricots et des pêches au sirop : ils sont de très bonne qualité.

Variante : remplacez les petits-beurre par une poignée de pistaches non salées réduites en petites brisures.

POUR 4 PERSONNES

4 tranches de bacon
500 g de tomates cerises rouges
1 cuillerée à soupe de pistou
3 cuillerées à soupe d'huile d'olive
Sel, poivre

Pour la pâte :

5 tomates séchées à l'huile d'olive
80 g de couscous moyen
1 cuillerée à café de basilic haché
1 pincée de piment (facultatif)
2 cuillerées à soupe d'huile d'olive

Temps de préparation : 20 minutes • Temps de cuisson : 25 minutes

Crumble au pistou

Portez 5 cuillerées à soupe d'eau à ébullition.
Préparez la pâte : coupez les tomates séchées en petits morceaux. Dans une jatte, mélangez-les avec le reste des ingrédients et l'eau bouillante (pour faire gonfler la semoule). Couvrez et réservez.
Préchauffez le four à 180 °C (th. 6).
Lavez les tomates et retirez le pédoncule ; coupez-les en deux et mettez-les à égoutter pour évacuer l'excédent de jus.
Coupez le bacon en petits morceaux.
Dans une poêle, faites chauffer 3 cuillerées à soupe d'huile d'olive sur feu vif et ajoutez les demi-tomates. Saisissez-les pendant environ 5 minutes.
Versez le contenu de la poêle dans un plat à gratin. Recouvrez du pistou et étalez avec une cuillère à soupe ; parsemez du bacon. Égrainez la semoule avec une fourchette et couvrez-en le plat. Enfournez et laissez cuire pendant 25 minutes.
Servez chaud.

Variante : vous pouvez réaliser une pâte différente en mélangeant 2 cuillerées à soupe d'huile d'olive, 1 petit fromage de chèvre très sec émiétté, 2 biscottes type « gourmande », 10 noisettes décortiquées et du poivre.

Temps de préparation : 25 minutes • Temps de cuisson : 25 minutes

Crumble de tomates au chèvre frais

POUR 4 PERSONNES

7 belles tomates grappes
1 fromage de chèvre type sainte-maure
1 cuillerée à soupe de ciboulette ciselée
6 cuillerées à soupe d'huile d'olive
Sel, poivre

Pour la pâte :

10 cerneaux de noix
5 biscottes briochées aux raisins
40 g de beurre ramolli

Préparez la pâte : écrasez les biscottes à l'aide d'un pilon ou d'un rouleau à pâtisserie. Coupez le beurre en petits morceaux. Émiettez les cerneaux de noix. Dans une jatte, mélangez tous les ingrédients. Travaillez le mélange du bout des doigts jusqu'à obtenir une pâte à la texture granuleuse. Réservez.
Préchauffez le four à 180 °C (th. 6).
Lavez les tomates, enlevez le pédoncule, coupez-les en quartiers. Retirez le cœur et le plus de pépins possible et égouttez-les.
Dans une poêle, faites chauffer 3 cuillerées à soupe de l'huile d'olive sur feu vif et ajoutez les tomates. Faites-les dorer pendant environ 7 minutes.
Émiettez le fromage de chèvre et mélangez-le avec le reste de l'huile et la ciboulette. Salez et donnez 2 tours de moulin à poivre ; mélangez.
Versez le contenu de la poêle dans un plat à gratin, déposez le fromage et étalez-le avec le dos d'une cuillère à soupe. Parsemez de la pâte à crumble, enfournez et laissez cuire 25 minutes.
Servez chaud.

Temps de préparation : 20 minutes • Temps de cuisson : 25 minutes

Crumble framboises aux pêches

POUR 4 PERSONNES

5 pêches
1 poire
1 barquette de framboises d'environ 125 g
1 sachet de sucre vanillé
20 g de beurre

Pour la pâte :

40 g de muesli sans sucre ajouté
80 g de sucre semoule
80 g de farine fluide
80 g de beurre ramolli

Préchauffez le four à 180 °C (th. 6).
Préparez la pâte : coupez le beurre en petits morceaux. Dans une jatte, mélangez-le avec le muesli, la farine et le sucre. Travaillez ce mélange du bout des doigts jusqu'à obtenir une pâte à la texture sableuse. Réservez.
Coupez-les pêches en quatre. Épluchez-les et enlevez les noyaux. Recoupez les quartiers en petits dés.
Coupez les poires en quatre. Épluchez-les et enlevez le cœur et les pépins. Recoupez les quartiers en dés.
Dans une poêle, faites fondre le beurre sur feu vif. Ajoutez les dés de pêche et de poire, ainsi que le sucre vanillé. Faites revenir pendant environ 6 minutes.
Versez le contenu de la poêle dans un plat à gratin. Parsemez de framboises, puis recouvrez avec la pâte à crumble. Enfournez et laissez cuire pendant 25 minutes.
Servez tiède.

POUR 4 PERSONNES

4 pêches blanches
1 barquette de framboises (environ 125 g)
1/2 boîte de litchis au sirop
1 cuillerée à soupe de semoule fine
1 sachet de sucre vanillé
20 g de beurre

Pour la pâte :

8 palets bretons
1 cuillerée à soupe de sucre semoule
40 g de beurre demi-sel ramolli

Temps de préparation : 20 minutes • Temps de cuisson : 20 minutes

Crumble framboises-litchis

Préparez la pâte : écrasez les palets bretons au pilon ou à l'aide d'un rouleau à pâtisserie. Coupez le beurre en petits morceaux. Dans une jatte, mélangez tous les ingrédients jusqu'à obtenir une pâte à la texture sableuse. Réservez.
Préchauffez le four à 180 °C (th. 6).
Coupez les pêches en deux. Épluchez-les et enlevez les noyaux. Recoupez les demi-pêches en dés.
Égouttez les litchis et mixez-les avec une cuillerée à soupe de sirop. Dans une poêle, faites fondre le beurre sur feu vif, ajoutez le sucre vanillé et les dés de pêche. Faites dorer pendant 5 minutes.
Saupoudrez le fond d'un plat à gratin avec la semoule fine. Versez le contenu de la poêle, puis déposez les litchis mixés et étalez avec le dos d'une cuillère à soupe. Parsemez des framboises et recouvrez de la pâte à crumble. Enfournez et laissez cuire pendant 20 minutes.
Servez tiède.

Conseil : servez ce crumble accompagné d'un coulis de framboise. La semoule fine absorbera un peu l'excès de jus des fruits rouges et évitera que la pâte soit trop mouillée.

Temps de préparation : 20 minutes • Temps de cuisson : 30 minutes

Crumble banane et fruits rouges

POUR 4 PERSONNES

3 bananes
1 belle pomme type golden
250 g de fruits rouges surgelés
2 sachets de sucre vanillé
1 cuillerée à soupe de semoule fine
4 pincées de cannelle
10 g de beurre

Pour la pâte :

100 g de farine fluide
100 g de sucre semoule
80 g de beurre ramolli

Préchauffez le four à 180 °C (th. 6).
Préparez la pâte : coupez le beurre ramolli en petits morceaux. Dans une jatte, mélangez-le avec la farine et le sucre. Travaillez ce mélange du bout des doigts jusqu'à obtenir une pâte à la texture sableuse. Réservez.
Épluchez les bananes et coupez-les en rondelles.
Coupez la pomme en quatre, épluchez-la et retirez le cœur et les pépins. Recoupez les quartiers en petits dés.
Dans une jatte, mélangez les fruits rouges avec le sucre vanillé.
Beurrez un moule à gratin et répartissez au fond la semoule fine. Déposez les bananes et les dés de pomme, puis saupoudrez-les de cannelle. Ajoutez les fruits rouges et recouvrez de la pâte à crumble. Enfournez et laissez cuire pendant 30 minutes.
Servez tiède.

Conseil : la semoule fine absorbera un peu l'excès de jus des fruits rouges et évitera que la pâte soit trop mouillée.

Variantes : changez de pâte et optez pour un mélange composé de 30 g de beurre, 50 g de muesli sans sucre ajouté et 2 cuillerées à soupe de sucre semoule. Vous pouvez aussi réaliser un crumble légèrement différent avec 4 bananes, 1 barquette de framboises d'environ 125 g, 1 cuillerée à soupe de mûres, 20 g de beurre et 1 sachet de sucre vanillé. Pour la pâte, mélangez alors 30 g de beurre avec 50 g de bananes séchées, 4 palmiers écrasés et 1 cuillerée à soupe de sucre semoule.

POUR 4 PERSONNES

600 g de viande de veau hachée
6 tomates vertes
3 oignons blancs frais
1 échalote
1/2 gousse d'ail
2 branches de thym frais
7 cuillerées à soupe d'huile d'olive
Sel, poivre

Pour la pâte :

50 g de parmesan râpé
2 biscottes briochées type « gourmande »
50 g de pignons de pin
1 cuillerée à soupe de basilic haché
2 cuillerées à soupe d'huile d'olive

Temps de préparation : 25 minutes • Temps de cuisson : 25 minutes

Crumble de veau aux tomates vertes

Préparez la pâte : écrasez les biscottes au pilon ou à l'aide d'un rouleau à pâtisserie. Mélangez tous les ingrédients jusqu'à obtenir une pâte à la texture granuleuse. Réservez.
Préchauffez le four à 180 °C (th. 6).
Épluchez les oignons et l'échalote. Émincez-les finement. Enlevez le germe de l'ail et réduisez-le en purée au moyen d'un presse-ail.
Lavez les tomates et retirez le pédoncule. Coupez-les en quartiers et supprimez le plus de pépins possible.
Dans une poêle, faites chauffer 3 cuillerées à soupe d'huile d'olive sur feu vif et ajoutez les quartiers de tomate. Saisissez-les pendant environ 7 minutes. Ajoutez un peu d'eau en cours de cuisson si nécessaire.
Dans une autre poêle, faites chauffer sur feu vif le reste de l'huile et ajoutez l'oignon et l'échalote émincés. Faites-les dorer pendant 3 minutes. Ajoutez la viande et l'ail. Salez et donnez 2 tours de moulin à poivre ; laissez mijoter pendant 10 minutes. Ajoutez un peu d'eau en cours de cuisson si nécessaire.
Versez les tomates au fond d'un plat à gratin. Ajoutez la viande, parsemez de fleur de thym et recouvrez avec la pâte à crumble. Enfournez et laissez cuire pendant 25 minutes.
Servez chaud.

Variante : vous pouvez remplacer les tomates vertes par des tomates rouges type tomate grappe.

Temps de préparation : 25 minutes • Temps de cuisson : 25 minutes

Crumble d'un soir d'été

POUR 4 PERSONNES

4 tranches fines de jambon de Parme
3 aubergines
3 boules de mozzarella
4 grains de cumin
10 cuillerées à soupe d'huile d'olive
Sel, poivre

Pour la pâte :

4 biscottes briochées
1 cuillerée à soupe de basilic haché
40 g de beurre ramolli

Préparez la pâte : écrasez les biscottes à l'aide d'un pilon ou d'un rouleau à pâtisserie. Coupez le beurre en petits morceaux. Dans une jatte, mélangez tous les ingrédients jusqu'à obtenir une pâte à la texture sableuse. Réservez.

Préchauffez le four à 180 °C (th. 6).

Lavez les aubergines et épluchez-les ; coupez-les en fines lamelles. Versez l'huile d'olive dans une cocotte. Mettez les lamelles d'aubergine. Salez et donnez 2 tours de moulin à poivre.

Écrasez les grains de cumin et parsemez-en les aubergines. Faites dorer les aubergines pendant environ 6 minutes. Réduisez le feu puis poursuivez la cuisson pendant environ 20 minutes. Ajoutez un peu d'eau en cours de cuisson si nécessaire.

Pendant ce temps, coupez la mozzarella en fines rondelles et le jambon en petits morceaux.

Versez les aubergines dans un plat à gratin. Ajoutez les lamelles de jambon et les rondelles de mozzarella. Recouvrez avec la pâte à crumble ; enfournez et laissez cuire pendant 25 minutes.

Servez chaud afin que le fromage reste fondant.

POUR 4 PERSONNES

1 tranche de lard fumé
4 tranches de pancetta
2 tranches épaisses de jambon blanc
600 g de pois gourmands
3 oignons blancs frais
40 g de beurre
Sel, poivre

Pour la pâte :

3 biscottes type « gourmande »
3 cuillerées à soupe de blé Ebly® cuit
1 cuillerée à soupe de persil haché
30 g de beurre ramolli

Temps de préparation : 20 minutes • Temps de cuisson : 25 minutes

Crumble de pois gourmands

Préparez la pâte : écrasez les biscottes à l'aide d'un pilon ou d'un rouleau à pâtisserie. Coupez le beurre en petits morceaux. Dans une jatte, mélangez-le avec le reste des ingrédients. Travaillez ce mélange jusqu'à obtenir une pâte granuleuse. Réservez.
Préchauffez le four à 180 °C (th. 6).
Lavez et préparez les pois gourmands en ôtant les plus gros fils.
Coupez le jambon en dés, la pancetta en fines lamelles et le lard en fins lardons.
Épluchez les oignons et émincez-les finement.
Dans une poêle, faites fondre le beurre sur feu vif et ajoutez l'oignon et les pois gourmands. Saisissez-les 4 minutes puis ajoutez le lard, la pancetta et le jambon. Poursuivez la cuisson encore 4 minutes.
Versez le contenu de la poêle dans un plat à gratin. Recouvrez de la pâte à crumble, puis enfournez et laissez cuire 25 minutes.
Servez chaud.

Conseil : le blé en sachet Ebly® cuit en 2 minutes au micro-ondes : ultrapratique et délicieux ! Pour cette recette, choisissez du blé Ebly® à l'huile d'olive.

POUR 4 PERSONNES

2 pêches blanches
2 pêches jaunes
5 gros abricots
100 g de compote d'abricot
1 sachet de sucre vanillé
1 cuillerée à soupe de semoule fine
20 g de beurre

Pour la pâte :

100 g de farine fluide
100 g de sucre semoule
50 g de pistaches concassées non salées
80 g de beurre demi-sel ramolli

Temps de préparation : 20 minutes • Temps de cuisson : 25 minutes

Crumble pêche-abricot aux pistaches

Préparez la pâte : coupez le beurre en petits morceaux. Dans une jatte, mélangez tous les ingrédients. Travaillez le mélange du bout des doigts jusqu'à obtenir une pâte à la texture granuleuse.
Préchauffez le four à 210 °C (th. 7).
Coupez les pêches en deux, épluchez-les et enlevez les noyaux.
Recoupez chaque demi-pêche en trois morceaux.
Lavez les abricots. Coupez-les en deux et enlevez les noyaux.
Dans une grande poêle, faites fondre le beurre sur feu vif, ajoutez le sucre vanillé, les pêches et les abricots ; faites dorer pendant 6 minutes environ.
Saupoudrez le fond d'un plat à gratin avec la semoule fine.
Répartissez-y le contenu de la poêle et nappez de compote.
Couvrez avec la pâte à crumble, enfournez et laissez cuire pendant 25 minutes.
Servez tiède.

Conseil : accompagnez ce délicieux crumble d'un coulis de mangue ou d'abricot. La semoule fine absorbera un peu l'excès de jus des fruits rouges et évitera que la pâte soit trop mouillée.

Temps de préparation : 20 minutes • Temps de cuisson : 30 minutes

Crumble de fin d'été

POUR 4 PERSONNES

4 poires
7 figues violettes
1 barquette de mûres d'environ 125 g
2 sachets de sucre vanillé
20 g de beurre

Pour la pâte :

100 g de farine fluide
100 g de sucre semoule
80 g de beurre ramolli

Préchauffez le four à 180 °C (th. 6).
Préparez la pâte : coupez le beurre en petits morceaux. Dans une jatte, mélangez-le avec la farine et le sucre. Travaillez ce mélange du bout des doigts jusqu'à obtenir une pâte à la texture sableuse. Réservez au frais.
Coupez les poires en quatre. Épluchez-les et enlevez le cœur et les pépins ; recoupez les quartiers en dés.
Lavez les figues, enlevez les queues et coupez-les en quartiers.
Dans un bol, mélangez les mûres avec 1 sachet de sucre vanillé.
Dans une poêle, faites fondre le beurre sur feu vif, ajoutez le second sachet de sucre vanillé, les quartiers de figue et les dés de poire. Saisissez pendant environ 5 minutes.
Versez le contenu de la poêle dans un plat à gratin. Ajoutez les mûres au sucre, puis recouvrez de pâte à crumble ; enfournez et laissez cuire pendant 30 minutes.
Servez tiède.

les pâtes à crumble

Les pâtes adaptées à tous les crumbles sucrés

80 g de sucre semoule
70 g de farine fluide
30 g de farine de châtaigne
80 g de beurre ramolli

Coupez le beurre en petits morceaux. Dans une jatte, mélangez-le avec les farines et le sucre. Travaillez ce mélange du bout des doigts jusqu'à obtenir une pâte à la texture sableuse

6 petits-beurre
100 g de sucre semoule
100 g de farine fluide
80 g de beurre ramolli

Émiettez les petits-beurre. Dans une jatte, coupez le beurre en petits morceaux. Ajoutez le sucre, la farine et les brisures de biscuit. Travaillez ce mélange du bout des doigts jusqu'à obtenir une pâte à la texture granuleuse.

70 g de Kellog's® extra au chocolat
1 cuillerée à soupe de sucre semoule
10 g de beurre ramolli

Coupez le beurre en petits morceaux. Dans une jatte, mélangez-le avec les céréales et le sucre. Travaillez ce mélange avec une cuillère à soupe jusqu'à obtenir une pâte à la texture granuleuse.

40 g de muesli sans sucre ajouté
80 g de sucre semoule
80 g de farine fluide
80 g de beurre ramolli

Coupez le beurre en petits morceaux. Dans une jatte, mélangez-le avec le muesli, la farine et le sucre. Travaillez ce mélange du bout des doigts jusqu'à obtenir une pâte à la texture sableuse.

février 2008 Croustillant - pas mal mais sans plus

100 g de sucre semoule
5 pincées de cannelle
100 g de farine fluide
80 g de beurre ramolli

Coupez le beurre en petits morceaux. Dans une jatte, mélangez-le avec la farine, la cannelle et le sucre. Travaillez ce mélange du bout des doigts jusqu'à obtenir une pâte à la texture sableuse.

100 de sucre semoule
100 g de farine fluide
40 g de beurre ramolli
40 g de beurre demi-sel ramolli

Coupez les beurres en petits morceaux. Dans une jatte, mélangez-les avec la farine et le sucre. Travaillez le mélange du bout des doigts jusqu'à obtenir une pâte à la texture sableuse.

100 g de poudre d'amande
100 g de sucre semoule
2 pincées de cannelle en poudre
100 g de farine
100 g de beurre ramolli

Coupez le beurre en petits morceaux. Dans une jatte, mélangez tous les ingrédients du bout des doigts jusqu'à obtenir une pâte à la texture sableuse.

Les pâtes adaptées à tous les fruits

100 g de farine fluide
100 g de sucre semoule
80 g de beurre ramolli

Coupez le beurre en petits morceaux. Dans une jatte, mélangez-le avec la farine et le sucre. Travaillez ce mélange du bout des doigts jusqu'à obtenir une pâte à la texture sableuse.

2 cuillerées à soupe d'amandes
80 g de sucre semoule
80 g de farine fluide
80 g de beurre ramolli

Concassez les amandes au robot. Coupez le beurre en petits morceaux. Dans une jatte, mélangez-le avec les amandes, la farine et le sucre. Travaillez ce mélange du bout des doigts jusqu'à obtenir une pâte à la texture granuleuse.

8 sablés bretons
2 cuillerées à soupe de sucre semoule
50 g de beurre ramolli

Coupez le beurre en petits morceaux. Émiettez les sablés. Dans une jatte, mélangez le beurre avec les miettes de gâteau et le sucre. Travaillez ce mélange du bout des doigts jusqu'à obtenir une pâte à la texture sableuse.

10 gâteaux à l'amaretti
1 cuillerée à soupe de sucre semoule
40 g de beurre ramolli

Écrasez les gâteaux au plion ou avec un rouleau à pâtisserie. Coupez le beurre en petits morceaux. Dans une jatte, mélangez-le avec les gâteaux écrasés et le sucre. Travaillez ce mélange du bout des doigts jusqu'à obtenir une pâte à la texture sableuse.

4 tranches de pain d'épice
1 cuillerée à soupe de sucre roux
30 g de beurre ramolli

Coupez le beurre en petits morceaux. Ôtez la croûte du pain d'épice et émiettez-le. Dans une jatte, mélangez le beurre avec les miettes de pain d'épice et le sucre. Travaillez ce mélange du bout des doigts jusqu'à obtenir une pâte à la texture granuleuse.

5 pruneaux dénoyautés
8 palmiers
2 cuillerées à soupe de sucre semoule
30 g de beurre ramolli

Écrasez les palmiers à l'aide d'un pilon ou d'un rouleau à pâtisserie. Coupez les pruneaux et le beurre en petits morceaux. Dans une jatte, mélangez tous les ingrédients du bout des doigts jusqu'à obtenir une pâte à la texture granuleuse.

8 speculoos
30 g de beurre ramolli

Coupez le beurre en petits morceaux. Émiettez les gâteaux. Dans une jatte, mélangez le beurre avec les miettes de gâteau. Travaillez le mélange du bout des doigts jusqu'à obtenir une pâte à la texture sableuse.

60 g de noix de pécan
100 g de sucre roux
100 g de farine fluide
100 g de beurre ramolli

Coupez le beurre en petits morceaux. Concassez les noix de pécan à l'aide un couteau. Dans une jatte, mélangez tous les ingrédients et travaillez le mélange du bout des doigts jusqu'à obtenir une pâte à la texture granuleuse.

La pâte idéale pour un crumble au chocolat

7 petits-beurre
2 cuillerées à soupe de pralin
1 cuillerée à soupe de sucre semoule
20 g de beurre ramolli

Coupez le beurre en petits morceaux. Émiettez les gâteaux. Dans une jatte, mélangez le beurre avec les miettes de gâteau et le sucre. Travaillez ce mélange jusqu'à obtenir une pâte à la texture granuleuse.

Les pâtes pour les crumbles aux fruits rouges

50 g de pistaches concassées non salées
100 g de sucre semoule
100 g de farine fluide
80 g de beurre demi-sel ramolli

Coupez le beurre en petits morceaux. Dans une jatte, mélangez tous les ingrédients et travaillez le mélange jusqu'à obtenir jusqu'à obtenir une pâte à la texture granuleuse.

60 g de nougat tendre
60 g de pignons
30 g de sucre semoule
100 g de farine fluide
80 g de beurre ramolli

Coupez le beurre en petits morceaux. Émiettez le nougat. Dans une jatte, réunissez tous les ingrédients et travaillez le mélange jusqu'à obtenir jusqu'à obtenir une pâte à la texture granuleuse.

70 g de sucre semoule
2 cuillerées à soupe de sucre roux
100 g de farine fluide
80 g de beurre ramolli

Coupez le beurre en petits morceaux. Dans une jatte, mélangez-le avec la farine et les sucres. Travaillez ce mélange du bout des doigts jusqu'à obtenir jusqu'à obtenir une pâte à la texture sableuse.

60 g de nougat tendre
60 g de pignons
30 g de sucre semoule
100 g de farine fluide
80 g de beurre ramolli

Coupez le beurre en petits morceaux. Émiettez le nougat. Dans une jatte, réunissez tous les ingrédients et travaillez le mélange jusqu'à obtenir jusqu'à obtenir une pâte à la texture granuleuse.

Les pâtes pour les crumbles aux fruits exotiques

8 macarons secs à la noix de coco
2 cuillerées à soupe de sucre semoule
40 g de beurre ramolli

Coupez le beurre en petits morceaux. Émiettez les gâteaux. Dans une jatte, mélangez le beurre avec les miettes de gâteau et le sucre. Travaillez ce mélange du bout des doigts jusqu'à obtenir jusqu'à obtenir une pâte à la texture sableuse.

80 g de noix de coco râpée
2 cuillerées à soupe de miel
2 cuillerées à soupe de sucre semoule
40 g de beurre ramolli

Coupez le beurre en petits morceaux. Dans une jatte, mélangez-le avec la noix de coco, le miel et le sucre. Travaillez ce mélange du bout des doigts jusqu'à obtenir jusqu'à obtenir une pâte à la texture granuleuse.

50 g d'ananas sec (au rayon fruits secs du supermarché)
2 cuillerées à soupe de sucre semoule
7 petits-beurre
30 g de beurre demi-sel ramolli

Écrasez les petits-beurre. Émiettez l'ananas sec et coupez le beurre en petits morceaux. Dans une jatte, mélangez le beurre avec les fruits secs, les biscuits et le sucre. Travaillez ce mélange du bout des doigts jusqu'à obtenir une pâte à la texture granuleuse.

80 g de noix de coco râpée
2 cuillerées à soupe de miel liquide
2 cuillerées à soupe de sucre semoule
40 g de beurre ramolli

Coupez le beurre en petits dés. Dans une jatte, mélangez tous les ingrédients jusqu'à obtenir une pâte à la texture granuleuse.

8 macarons secs
1 cuillerée à soupe de sucre semoule
40 g de beurre ramolli

Coupez le beurre en petits morceaux. Émiettez les gâteaux. Dans une jatte, mélangez le beurre avec les brisures de gâteau et le sucre. Travaillez ce mélange du bout des doigts jusqu'à obtenir une pâte à la texture granuleuse.

Pour tous les crumbles salés

4 biscottes type « petits grillés » briochés
80 g de beurre ramolli

Émiettez les biscottes. Coupez le beurre en petits morceaux. Dans une jatte, mélangez-le avec la chapelure. Travaillez ce mélange avec vos doigts pour obtenir une pâte à la texture granuleuse.

3 biscottes rondes briochées aux raisins
40 g de beurre ramolli

Écrasez les biscottes à l'aide d'un pilon ou d'un rouleau à pâtisserie. Coupez le beurre en petits morceaux. Dans une jatte, mélangez-le avec la chapelure. Travaillez le mélange jusqu'à obtenir une pâte à la texture granuleuse.

3 biscottes briochées type « campagnarde »
50 g de beurre ramolli

Écrasez les biscottes à l'aide d'un pilon ou d'un rouleau à pâtisserie. Coupez le beurre en petits morceaux. Dans une jatte, mélangez-le avec la chapelure. Travaillez le mélange jusqu'à obtenir une pâte à la texture granuleuse.

4 biscottes au blé complet
type « petit grillé »
30 g de beurre ramolli

Écrasez les biscottes à l'aide d'un pilon ou d'un rouleau à pâtisserie. Coupez le beurre en petits morceaux. Dans une jatte, mélangez-le avec la chapelure jusqu'à obtenir une pâte à la texture granuleuse.

4 biscottes briochées aux raisins
1 cuillerée à soupe de persil haché
40 g de beurre ramolli

Écrasez les biscottes à l'aide d'un pilon ou d'un rouleau à pâtisserie. Coupez le beurre en petits morceaux. Dans une jatte, mélangez tous les ingrédients jusqu'à obtenir une pâte à la texture sableuse.

4 biscottes briochées
1 cuillerée à soupe de basilic haché
40 g de beurre ramolli

Écrasez les biscottes à l'aide d'un pilon ou d'un rouleau à pâtisserie. Coupez le beurre en petits morceaux. Dans une jatte, mélangez tous les ingrédients jusqu'à obtenir une pâte à la texture sableuse.

Les pâtes pour les crumbles aux légumes d'hiver

50 g de mimolette vieille
3 biscottes type « petit grillé » au froment
30 g de beurre

Écrasez les biscottes à l'aide d'un pilon ou d'un rouleau à pâtisserie. Coupez la mimolette et le beurre en petits morceaux. Dans une jatte, mélangez tous les ingrédients jusqu'à obtenir une pâte à la texture sableuse.

50 g de parmesan râpé
50 g de pignons de pin
2 biscottes briochées type « gourmande »
1 cuillerée à soupe de basilic haché
2 cuillerées à soupe d'huile d'olive

Écrasez les biscottes au pilon ou avec un rouleau à pâtisserie. Coupez le beurre ramolli en petits morceaux. Mélangez tous les ingrédients jusqu'à obtenir une pâte à la texture granuleuse.

2 tranches de jambon cru
3 biscottes type « gourmande »
30 g de beurre ramolli

Coupez le jambon en petits dés. Écrasez les biscottes à l'aide d'un pilon ou d'un rouleau à pâtisserie. Coupez le beurre en petits morceaux. Dans une jatte, mélangez-le avec le reste des ingrédients. Travaillez le mélange jusqu'à obtenir une pâte à la texture granuleuse.

3 biscottes type « gourmande »
3 cuillerées à soupe de blé Ebly® cuit
1 cuillerée à soupe de persil haché
30 g de beurre

Écrasez les biscottes à l'aide d'un pilon ou d'un rouleau à pâtisserie. Coupez le beurre en petits morceaux. Dans une jatte, mélangez-le avec le reste des ingrédients. Travaillez ce mélange jusqu'à obtenir une pâte à la texture granuleuse.

Les pâtes pour les crumbles au poisson

3 biscottes Wasa® « authentique »
40 g de beurre ramolli

Émiettez les biscottes en les écrasant à l'aide d'un pilon ou d'un rouleau à pâtisserie. Coupez le beurre en petits morceaux. Dans une jatte, mélangez-le avec la chapelure de biscottes jusqu'à obtenir une pâte à la texture granuleuse.

Les pâtes pour les crumbles à la viande

5 tomates séchées à l'huile d'olive
2 biscottes briochées type « gourmande »
1 pincée de piment (facultatif)
1 cuillerée à café de basilic haché
2 cuillerées à soupe d'huile d'olive
Sel, poivre

Écrasez les biscottes à l'aide d'un pilon ou d'un rouleau à pâtisserie. Coupez les tomates séchées en petits morceaux. Dans une jatte, mélangez-les avec le reste des ingrédients. Salez et donnez 1 tour de moulin à poivre.

4 biscottes briochées type « gourmande »
1 cuillerée à café d'huile d'olive
25 g de beurre ramolli
Sel, poivre

Coupez le beurre en petits morceaux. Dans une jatte, mélangez-le avec le reste des ingrédients. Salez et donnez 1 tour de moulin à poivre. Travaillez ce mélange jusqu'à obtenir une pâte à la texture sableuse.

8 marrons cuits en bocaux
5 biscottes briochées aux raisins
40 g de beurre ramolli

Écrasez les biscottes à l'aide d'un pilon ou d'un rouleau à pâtisserie. Coupez le beurre en petits morceaux. Émiettez les marrons. Dans une jatte, mélangez le beurre avec le reste des ingrédients. Travaillez le mélange du bout des doigts jusqu'à obtenir une pâte à la texture sableuse.

Les pâtes pour les crumbles au fromage

12 cerneaux de noix
3 biscottes briochées type « gourmande »
30 g de beurre ramolli

Écrasez les biscottes à l'aide d'un pilon ou d'un rouleau à pâtisserie. Émiettez les cerneaux de noix. Coupez le beurre en petits morceaux. Dans une jatte, mélangez-le avec le reste des ingrédients. Travaillez le mélange jusqu'à obtenir une pâte à la texture granuleuse.

10 cerneaux de noix
5 biscottes briochées aux raisins
40 g de beurre ramolli

Écrasez les biscottes à l'aide d'un pilon ou d'un rouleau à pâtisserie. Coupez le beurre en petits morceaux. Émiettez les cerneaux de noix. Dans une jatte, mélangez tous les ingrédients. Travaillez le mélange du bout des doigts jusqu'à obtenir une pâte à la texture granuleuse.

Les pâtes pour les crumbles aux légumes d'été

3 biscottes au blé complet
type « petit grillé »
1 cuillerée à soupe de parmesan râpé
3 cuillerées à soupe d'huile d'olive

Émiettez les biscottes en les écrasant à l'aide d'un pilon ou d'un rouleau à pâtisserie. Dans une jatte, mélangez l'huile, la chapelure et le parmesan jusqu'à obtenir une pâte à la texture granuleuse.

3 biscottes au blé complet
type « petit grillé »
30 g de beurre ramolli
Sel, poivre

Coupez le beurre en petits morceaux. Dans une jatte, mélangez-le avec la chapelure. Salez et donnez 1 tour de moulin à poivre. Travaillez le mélange du bout des doigts jusqu'à obtenir une pâte à la texture sableuse. Réservez au frais.

2 biscottes briochées type « gourmande »
50 g de parmesan râpé
50 g de pignons
2 cuillerées à soupe d'huile d'olive

Émiettez les biscottes finement. Déposez-les dans un grand bol. Ajoutez les pignons, l'huile d'olive et le parmesan. Mélangez à la cuillère.

80 g de couscous moyen
1 cuillerée à soupe d'huile d'olive
10 g de beurre
Sel, poivre

Portez 5 cuillerées à soupe d'eau à ébullition. Dans une jatte, versez l'eau bouillante, la semoule, le beurre et l'huile. Salez et donnez 1 tour de moulin à poivre. Couvrez pour laisser la semoule gonfler.

2 cuillerées à soupe d'huile d'olive
5 tomates séchées à l'huile d'olive
80 g de couscous moyen
1 cuillerée à café de basilic haché
1 pincée de piment (facultatif)

Coupez les tomates séchées en petits morceaux. Dans une jatte, mélangez-les avec le reste des ingrédients et 5 cuillerées à soupe d'eau bouillante. Couvrez et réservez.

index

Shopping

Merci à Staub France (en couverture) et à Côté maison pour leur précieuse collaboration.

remerciements

À toute l'équipe de Minerva pour ce nouveau pari.

À Pierrick et Jean, nouveaux compères de mes photos et excellents compagnons de travail !

À mon mari et à nos enfants, qui nous comblent de joie et de bonheur : nos deux petits rayons de soleil.

À mes parents, pour leur investissement permanent et leur disponibilité totale : un sans faute.

À mes beaux parents, fidèles et toujours présents à nos côtés : deux personnalités aux valeurs sures.

À Cyril et Véro, à qui nous souhaitons bonne chance dans leur nouvelle aventure !

À mes amies, qui me soutiennent et m'encouragent dans mes projet : à leurs avis francs et sans détours que j'attends toujours avec impatience.

Une mention particulière pour Raph et Steph qui seront à nouveau maman dans l'année !!

À nos amis qui me suivent, commentent, testent et m'encouragent toujours à continuer mes inventions culinaires pour encore les surprendre !!

À tous les bambins qui nous entourent, pour qui nous réaliserons des mini-crumble.

À mes lecteurs, qui je l'espère apprécieront ce nouvel ouvrage que j'ai encore réalisé avec beaucoup de plaisir.

Si vous souhaitez avoir des précisions sur ces recettes, n'hésitez pas ! Écrivez-moi à : nathaliecombier@yahoo.fr

Achevé d'imprimer en octobre 2006
Sur les presses de l'imprimerie Vincenzo Bona à Turin
ISBN : 2-8307-0894-6
Dépôt légal : octobre 2006
Imprimé en Italie